JN182150

マラソン快走のための実践栄養学

「走る」ための食べ方

EAT TO RUN

新訂版

株式会社 明治　管理栄養士

村野あずさ　Azusa Murano

実務教育出版

はじめに

私は、スポーツライフを「食」で応援する活動をしています。

オリンピックやプロの世界で活躍するトップアスリートの栄養サポートをはじめ、種目やレベルを問わず、「レベルアップしたい」「スポーツを通じて健康になりたい、楽しみたい」というスポーツを愛する方々に対し、セミナーや執筆活動などの情報発信を行っています。

そのなかでも私がここ数年間力を注いできたのが、ランナーへのスポーツ栄養の普及活動です。

私はこれまで、まったくの初心者ランナーからオリンピックの金メダリストに至るまで、幅広い層のランナーと出会い、触れ合ってきました。

世界のトップランナーはどんな食事をして、どんなことを課題に思っているのか。初心者ランナーはどんなことが不安なのか。そして多くのランナーが、どんな栄養情報を必要としているのか？　驚くこと、感心させられること、学ぶことがたくさんありました。

そんな活動を通じて、私が強く願うことは、すべてのランナーに「走ることが楽しい」という気持ちを大切にしてほしいということ。そして、そのために必要な栄養の知識と、「〝走る〟ための食べ方」をもっと多くのランナーに知ってもらいたい。

「そんなもの必要ない、自分はアスリートではないし、ランニングを楽しんでいるだけ。栄養のことを考えて走るなんてトップアスリートだけの話なのでは？」と思うランナーの方も多いと思います。

でもそれは、とても大きな損だと私は思っています。

それは何より、私自身の経験によって強く実感できるのです。

私はかつて実業団ランナーでした。多くの競技者と同じように、競技生活をしていくなかで、嬉しいことも苦しいこともたくさん経験してきました。

中学校で陸上部に入部。高校時代は、休み時間をマッサージに費やし、友人と遊ぶこともなく競技に没頭する毎日。顧問の先生のつながりで、年に数回、あの小

出義雄監督率いるチームの練習にも参加させてもらうなど、高校時代から日本のトップ選手を身近に感じながら競技ができる恵まれた環境だったと思います。

そんな私の食生活はどうだったか、といいますと、子どもの頃から好き嫌いが多く、食が細いのが悩み。高校生になって練習量が増えてからは、ケガや貧血に悩まされることも多く、先生から、「食べることも練習だ!」と強く言われていました。ある日、先生から渡された雑誌の切り抜きに、「貧血にはレバーやひじきを食べるとよい」と書かれてあったことから、母にお願いして毎日夕食にレバー・ひじき・ほうれんそうという3点セットをそろえてもらっていました。そこから、栄養学にも興味を持つようになり、高校卒業後は、栄養士の資格が取得できる大学に進学しました。

その後、実業団に入ってからは、「太ったら走れない」という極端な思い込みで過度な食事制限をし、筋力が低下しているにも関わらず、追い込みすぎてまた故障。学んだ栄養学も実際の競技生活に生かすことができず、悪循環の繰り返しでした。競技者にとって練習できないほど辛いことはありません。そしてあれほど好きだった走ることも、楽しいと思えないようになっていきました。

周囲の期待に応えられない苦悩の日々が続いた末、一度もフルマラソンにチャレンジすることもなく、私は競技生活にピリオドを打ちました。

その後、少し遠回りしてたどり着いたのが、今の仕事です。


スポーツライフを「食」で応援するべく、１９８０年に日本初のアスリート向けスポーツサプリメントブランドとして誕生した「ザバス」。以来、プロ、アマチュアを問わず、幅広い競技、世代に対しスポーツ栄養の普及活動を行い、多くのアスリートの活躍を「食と栄養」の側面から支えてきました。私はこの組織の一員として活動しています。

この仕事に就いて、「現役時代に、この知識を活かしていればもっと競技を長く続けられたのではないか、結果も違ったものになったのでは」、と自らの選手生活を振り返り後悔しています。

私は「自分のような後悔だけはしてほしくない」という思いを強く持って、スポーツ選手と向き合い、サポート活動をしています。ケガをしてしまったり、頑張って練習しているのになかなか結果に結びつかなかったりする。それは、自分が思っている以上に栄養と無関係ではないことを知ってほしい、と。

陸上短距離 福島千里選手の栄養サポートの様子。

ランニングクリニックで栄養セミナーを実施（JOGLISにて）。ランニング後はプロテインでしっかり栄養補給を行います。

美しく走るための女性ランナーを対象としたトークイベント、TOKYO FM「ザバス　Beauty Runner Forum」の公開収録の様子。

それは、市民ランナーの方においても同じこと。ちょっとしたケアが足りずにケガをして、走ることが楽しくなくなってしまったらもったいないですね。「走ることを楽しむ」という気持ちは、アスリートであれ、ファンランナーであれ、共通する大切なことだと思うのです。

この本は、これまでの経験から、私がランニングの世界で必要だと思う栄養情報を一冊にまとめたものです。２０１３年の発刊後、楽しく走るための栄養バイブルとして多くのランナーからご好評をいただき、このたび、新訂版を発刊させていただくことになりました。

２０２０年の東京オリンピック開催もあり、今後ますます、スポーツシーンへの注目度が高まっていくのを感じています。今やランニングも「ブーム」を超えて、心身を健やかに保つライフスタイルとして定着しました。

充実したランニングライフは、きっとあなたのこれからの人生を豊かなものにしてくれるはず。

そう願って、すべてのランナーにこの本を捧げます。

２０１６年５月

村野あずさ

もくじ

PART 02 走力アップのための栄養と食事

Menu

Column

PART 03
フルマラソン快走に向けたレース期の栄養戦略

PART 04
目的別の栄養アドバイス

○装丁
冨澤　崇（EBranch）
○本文デザイン
花嶋みどり／松岡由香里
○本文 DTP
株式会社オノ・エーワン
○料理制作
株式会社 EAT TOKYO
○料理撮影
花渕浩二
○イラスト
関上絵美
ネットパイロティング株式会社
○写真協力
株式会社モンテローザ
○編集協力
株式会社オメガ社
石飛カノ

※本書に掲載している商品は、パッケージ変更や扱い中止になる場合があります。その際は、類似の商品をご利用ください。

本書の使い方

●エネルギーと栄養素の目安について

本書に掲載した栄養素の摂取目安量は、厚生労働省による「日本人の食事摂取基準(2015年版)」に基づいています。また、多くの文献的な考察や現場での栄養指導の経験から考える、アスリート向けの推奨量も紹介しています。ただし、真に望ましい摂取量は個人によって異なり、個人内でも変動するため、あくまでもおおよその数値としてご参照ください。

各栄養素の推奨量は、性・年齢別に細かく設定されていますが、ここでは、18～49歳の男女について示しました。詳細は、厚生労働省のサイトにも公開されている「日本人の食事摂取基準」をご覧ください。

http://www.mhlw.go.jp/bunya/kenkou/syokuji_kijyun.html

また、本書の食品成分値は「日本食品標準成分表 2010」を参照しています。食品成分値を複製または転載する場合は、文部科学省科学技術・学術政策局政策課資源室 Email:kagseis@mext.go.jp へご連絡ください。

●食事メニューについて

それぞれ目的に応じた食事例を紹介しています。食事量については、30代男性(体重 70kg) の方をベースに作成していますので、性別や体質、体調、練習内容によって分量を調整してください。34ページで紹介した「栄養フルコース型」 の食事の考え方をベースに、日々の食事管理や献立作成にお役立てください。

●サプリメントについて

本書中では、栄養管理の一環としてサプリメントの使用をすすめています。ただしサプリメントは効能が認められた薬ではなく、記述の栄養理論を100%保障するものでもありません。栄養バランスのよい食事をベースにしてサプリメントを活用してください。

日本人の食事摂取基準とは

国民の健康の維持・増進、生活習慣病の予防を目的とし、エネルギー及び各栄養素の摂取量の基準を示すもの。保健所、病院での栄養指導や、学校や事業所等の給食作成・管理において、ベースとなる指針。

日本人の食事摂取基準(2015年版) エネルギーの食事摂取基準:推定エネルギー必要量 (kcal/日)

	生活活動強度	男性			女性		
		Ⅰ	Ⅱ	Ⅲ	Ⅰ	Ⅱ	Ⅲ
年齢	18～29	2,300	2,650	3,050	1,650	1,950	2,200
	30～49	2,300	2,650	3,050	1,750	2,000	2,300
	50～69	2,100	2,450	2,800	1,650	1,900	2,200
	70～	1,850	2,200	2,500	1,500	1,750	2,000

生活活動強度

Ⅰ:1日中あまり動かない(歩いても1時間程度)

Ⅱ:基本的に立っていることが多いが、家事をしたり、通学(通勤)したりで歩く習慣が2時間くらいある

Ⅲ:立ったり、動いたりが多い仕事についていて、運動する習慣がある

18～29歳における各栄養素の推奨量

栄養素	男	女	アスリートの目安量※
たんぱく質(体重1kgあたり)	1g	1g	2g
脂質	20%以上30%未満	20%以上30%未満	25～30%
カルシウム	800mg	650mg	1,200～2,000mg
鉄	7.0mg	10.5mg	20～25mg
ビタミンA	850μgRAE	650μgRAE	1,000～1,300μgRAE
ビタミンB_1	1.4mg	1.1mg	3.0mg
ビタミンB_2	1.6mg	1.2mg	3.4mg
ビタミンC	100mg	100mg	200～500mg

30～49歳における各栄養素の推奨量

栄養素	男	女	アスリートの目安量※
たんぱく質(体重1kgあたり)	1g	1g	2g
脂質	20%以上30%未満	20%以上30%未満	25～30%
カルシウム	650mg	650mg	1,200～2,000mg
鉄	7.5mg	10.5mg	20～25mg
ビタミンA	900μgRAE	700μgRAE	1,000～1,300μgRAE
ビタミンB_1	1.4mg	1.1mg	3.0mg
ビタミンB_2	1.6mg	1.2mg	3.4mg
ビタミンC	100mg	100mg	200～500mg

「日本人の食事摂取基準」(2015年版)より引用改変

※多くの文献的な考察と現場での栄養指導の経験から、株式会社 明治が推奨する値

PART

01

ランナーのための栄養学入門

ランナーにとって、食事・栄養は走ることと同じくらい重要な要素のひとつ。まずは、走ることで起こるカラダの変化や、走るために必要な栄養の基礎知識から学んでいきましょう。「これなら今日からでも実践できる!」バランスよく食べる食事法を紹介します。

マラソンの記録アップのカギは栄養だ！

走る練習だけでは速くならない!?

「フルマラソンを完走したい！」「自己記録を更新したい！」「もっと速く走りたい！」——そんな理想の走りをするためには何が必要でしょうか？

正しいランニングフォーム、自分に合ったシューズ選びなどから、基礎体力やトレーニングといったフィジカルな要素も必要です。遺伝的な素質なども関係してくるでしょう。「速く走りたい！」というモチベーションも重要です。理想の走りのために必要なものを挙げればきりがありません。

マラソンは「努力次第で記録を伸ばせるスポーツ」です。では「努力すれば速くなるのか？」というと、それだけではないのがマラソンの難しさでもあります。練習は記録を伸ばすための重要な要素であることは間違いありません。最近はフルマラソン攻略本がたくさん出版されており、戦略的に走る人も増えています。しかし、走る練習ばかりして、肝心な「走るためのカラダ」が壊れてしまっては元も子もありません。

「走るためのカラダ」をつくるためには、「栄養」からのアプローチが大切です。皆さんのランニングライフの中で、「疲れがとれない」「最後までスタミナが持たない」「ケガが多い」など、思うように走れない悩みを抱えていませんか？

じつは、その悩みの原因は「ふだんの食生活」や「レース前後の栄養戦略」にあった、というランナーは少なくありません。

カラダは正直です。しっかりとした練習をこなすだけの土台や体力が備わっていなければ、いずれはどこかにひずみが生じ、ケガや故障につながってしまうことが多いのです。まずは自分の「カラダ」と「食」について振り返るところから始めてみませんか？

走る練習だけでは速くならないのです！

ランナーのよくある悩み

スタミナ切れしやすい

足つり・ケイレンをしやすい

なかなかタイムが伸びない

疲れが抜けにくい

ケガが多い

↓

走るだけでは速くならない！

①エネルギー不足を解消できる
②走るためのしなやかなカラダができる
③体調・コンディションを維持できる

食生活を見直して走るためのカラダづくりをすることで
理想の走りに近づく！

食事が変わると走りが変わる!?

「走り」を支える3本柱「運動」・「栄養」・「休養」

まじめなランナーほど「距離を走れば速くなれる」と信じて、自分を追い込んでしまいがち。走って走って、とにかく練習を積もうとします。しかし、それだけでは「栄養不足」と「休養不足」という問題が生じてきます。

スポーツは、心・技・体が重要といわれます。どんなに強い精神力を持ち、レベルの高いトレーニングを行っても、それを活かすための体力がなければ本来のパフォーマンスを十分に発揮することは難しく、カラダのどこかにひずみが生じてしまうでしょう。本来は走ったら走った分だけ必要な栄養を補い、カラダを休めなければなりません。その繰り返しによって基礎体力がつき、「走るためのカラダ」がつくられていくのです。

「今よりもっと速くなりたい」「マラソンを完走したい」目指す目標はさまざまですが、ランナーの理想とする走りを支える「体（カラダ）」をつくるのは「運動（走る）」・「栄養（食べる）」・「休養（休む）」の3本柱。左のピラミッドのように目標とする結果に結びつけるためには、この3つのバランスが大切です。

3本柱の「運動（走る）」だけを重視するのではなく、「栄養（食べる）」「休養（休む）」にも目を向けること。食べ方や休養のとり方を変えることでカラダが変わり、カラダが変わることで走りまで変わってくるのです。

「走るためのカラダ」ができてくれば、これまで以上に練習が積めるので、筋力やスタミナ・持久力の向上につながります。余分な体脂肪も減り、走るのに適したランナー体型に近づくでしょう。走ることがもっと楽しくなるはずです。それが、理想の走りを実現し、楽しいランニングライフを継続させるための第一歩となります。

PART1では入門編として、ランナーのための「食事・栄養」について基本的な知識から、皆さんのランニングライフに役立つ実践的な栄養情報を紹介します。

走りを支える「心・技・体」のピラミッド

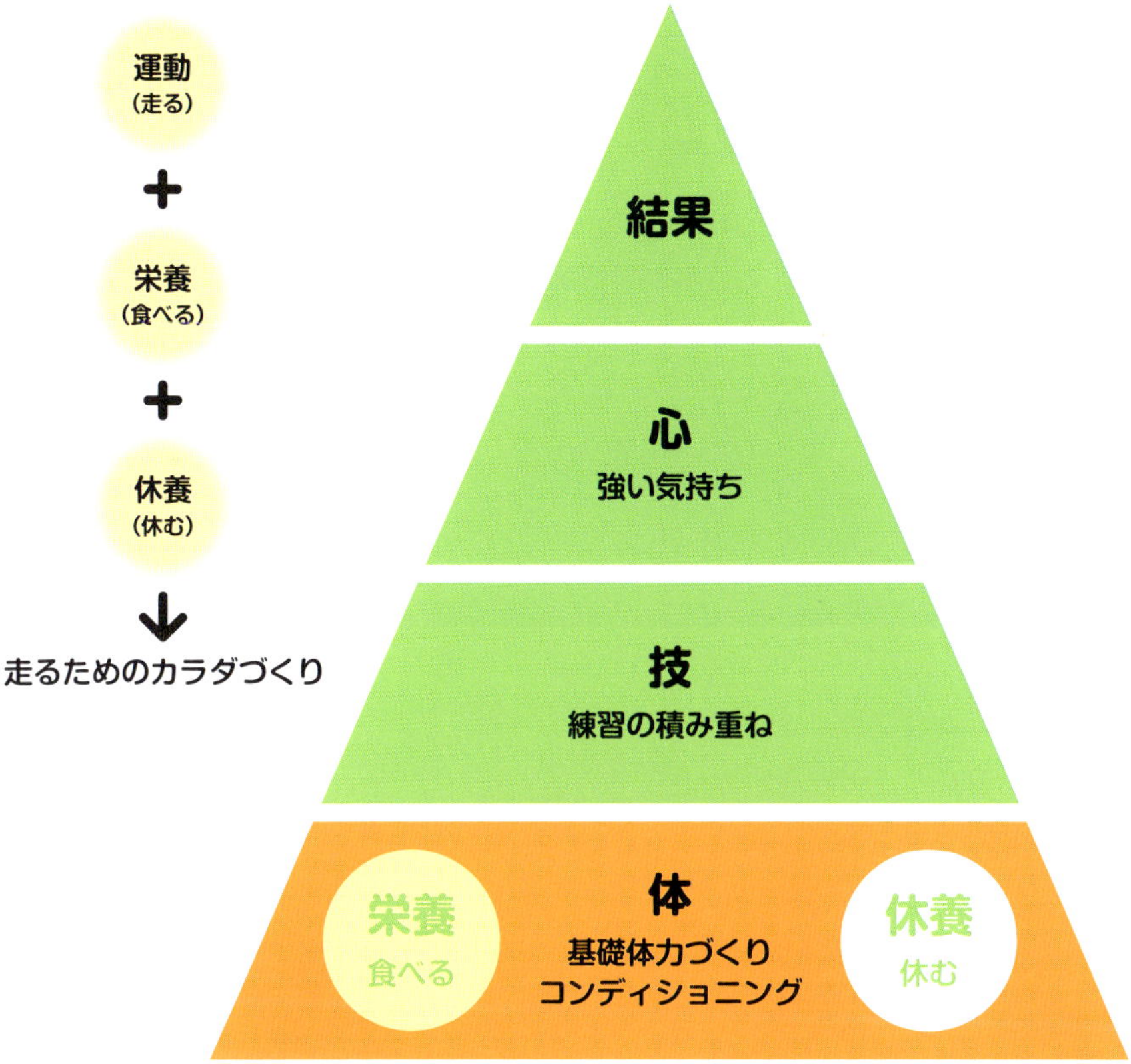

満足のいく結果のためには、
基礎体力のついたカラダづくりが欠かせない。
カラダをつくるための栄養・休養にも目を向けよう。

**「走る・食べる・休む」の
バランスが大切**

ランニングでカラダはどう変化する？

ランニングとカラダの関係とは

では、なぜランナーにとって栄養が大切なのでしょうか。ランニングやマラソンによってカラダに起こる変化から、栄養の重要性を解説していきましょう。

①大量のエネルギーを消費する

フルマラソンを1回走ると、2000～3000kcalのエネルギーを消費するといわれています。これは成人が1日に必要とするエネルギー量に相当します。それを数時間で消費してしまうのですから、マラソンがいかにエネルギーを使う競技であるかが想像できます。フルマラソンを元気に走りきるためには、いかに効率よくエネルギーを使い、スタミナを温存するか、そしていかに効率よいエネルギー補給をするかがカギとなります。

②筋肉や血液がダメージを受ける

マラソンによるカラダへのダメージは甚大です。長時間、筋肉の収縮・弛緩を繰り返すことで、筋肉はジワジワとダメージを受け続けます。長時間運動を続けるには多くの酸素が必要なので、酸素を全身に運んでいる血液も同じようなダメージを受けます。さらに、着地のたびに地面から受ける衝撃で骨や関節に負担がかかり、血液中の赤血球が壊されるリスクも高まります。このような疲労の蓄積、ケガや貧血のリスクを減らすためにも、ダメージを受けた分、栄養をしっかり摂って「走るためのカラダづくり」をしていくことが大切です。

③発汗により水分・ミネラルを損失する

汗には体温調節という重要な役割があります。十分な水分補給ができない状態が続いて、体重の約2％の水分を失うと、体温調節などカラダの機能に影響が出ます。また、汗にはナトリウムなどのミネラル（電解質）が含まれていて、生理的機能を正常に保っています。過度な脱水状態に陥ると、熱中症、脚のケイレンなどを引き起こす危険性が高まり、ときには命取りにもなります。そのため、運動前後の水分やミネラルの補給は重要です。

ランニングがカラダにもたらす3つの変化

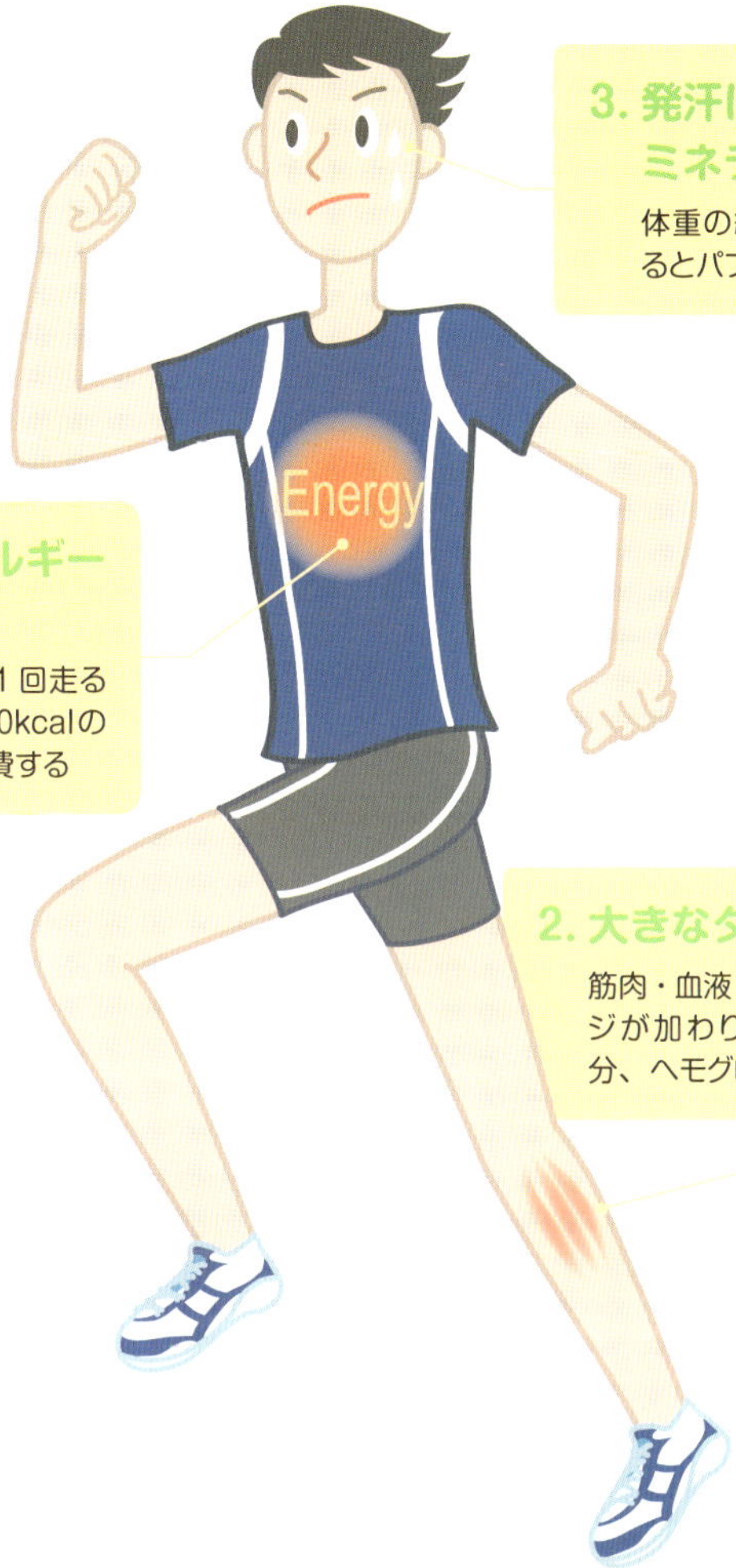

1. 大量のエネルギーを消費する

フルマラソンを1回走ると2,000～3,000kcalのエネルギーを消費する

2. 大きなダメージがかかる

筋肉・血液・骨・関節などにダメージが加わり、赤血球中の色素成分、ヘモグロビンの量が減る

3. 発汗による水分・ミネラルの損失

体重の約2%の水分が失われるとパフォーマンスが低下する

走って失われたものを栄養で補給することが必要

走るために必要な「エネルギー」とは？

エネルギーの源は糖質と脂質

走るために必要なもののひとつが、「エネルギー」です。では、エネルギーはどのようにつくられるのでしょうか。すべての運動は筋肉が収縮して行われますが、そのエネルギー源となるのが、「ＡＴＰ（アデノシン三リン酸）」という物質です。

このＡＴＰはカラダの中に限られた量しか存在せず、ダッシュのような瞬発的な運動を数秒間続けるとすぐになくなってしまいます。しかし、カラダにはＡＴＰがなくなっても酸素を利用してＡＴＰを生み出す、有酸素性システムが備わっています。食事で摂った炭水化物（糖質）や脂質、体内に貯蔵しておいたグリコーゲン（糖質）や体脂肪を酸化させながら、ＡＴＰを生成し、エネルギーを供給し続けることができるのです。

ここでの注目は、走るときのエネルギーを生み出す主役は糖質と脂質だということ。このふたつの栄養素は、運動の種類によってさまざまな割合で使われています。たとえば１００ｍ走のような瞬時に爆発的なエネルギーを必要とする運動と、マラソンのように長い時間スタミナを必要とする持久的な運動では、体内でのエネルギーの供給システムが異なります。速いスピードで走るときは糖質がメイン、ゆっくりしたペースで走るときは糖質と脂質が約１：１の割合でエネルギー源となります。

**運動強度による
エネルギーの割合の目安**

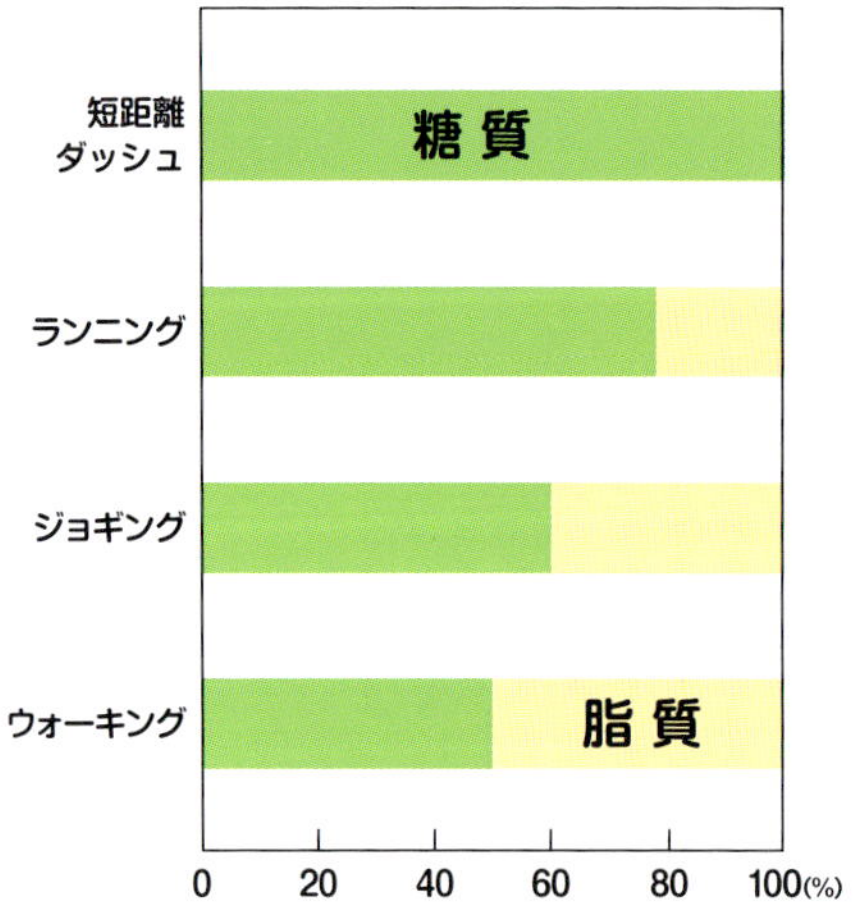

ゆっくりした運動では、糖質と脂質が約1：1で使われる。

Melvin H. Williams, Nutrition for Health, Fitness & Sport 9th Edition/
Dan Benardot, Advanced Sports Nutrition, 2nd Editionより引用改変

グリコーゲンの蓄えが持久力を左右する

このように、糖質と脂質、どちらもエネルギー源になりますが、糖質（グリコーゲン）を筋肉に貯め込むことで、持久力が高まることがわかっています。

糖質をカラダに貯め込む栄養戦略に「グリコーゲンローディング」というものがあります。詳しくはＰＡＲＴ３で解説しますが、持久力に優れたアスリートは一般人より多くのグリコーゲンを脚の筋肉に蓄えており、このことがマラソンのタイムにも関わっています。

体脂肪を燃やすにも糖質が必要

一方、脂質は体内に蓄えられた莫大なエネルギー源です。記録を狙ってフルマラソンを走る人は、「体脂肪」を積極的に使うことができれば、速く走るために必要な「グリコーゲン」を温存できるので理想的です。

しかし、体脂肪をランニングにおいてエネルギーとして使うには、火種のような役割をする糖質が不可欠です。なぜなら、生理学的にヒトは体脂肪エネルギーだけで動くことはできないからです。糖質が枯渇すれば、体脂肪をエネルギーとして活用することもできず、運動（ランニング）がそこでストップしてしまいます。

また、糖質が消化されてできるブドウ糖は脳の主要なエネルギーです。糖質の枯渇は集中力・気力の低下につながり、メンタル面でもランニングの継続が困難になります。つまり、ランニングのエネルギーには糖質と脂質のどちらも必要なのです。

そこで、なるべく脂質をエネルギーとして活用しつつ、糖質を節約することが大切になります。そのための方法として、朝食前の体内の糖質が少ない状態でトレーニングすると、体脂肪を優先的に使えるようになるということが知られています。

しかし、これは上級者レベルの話。経験的に自分のカラダの調子を把握しているランナーが行うトレーニング方法です。初級～中級者は、エネルギー源には糖質と脂質が使われること、脂質をエネルギーに換えるのに糖質が必要だということ、糖質を筋肉に貯め込めば持久力がアップすることを覚えておきましょう。

走るために必要なその他の要素

①「持久系競技への適応力」

エネルギーのほかに、走るために欠かせない要素はあと5つあります。まず、走る力をダイレクトに生み出す、ランナーの筋肉の収縮について見てみましょう。

筋肉には速筋と遅筋の2種類があります。速筋は瞬発的な運動の際にパワーを発揮し、遅筋はパワーが少ない代わりに、長時間持続的に働くことができます。

マラソンにおける筋肉の収縮は、主に遅筋で支えられています。長時間にわたって脚などの筋肉を収縮させ続けなければならないわけですから、遅筋が多いほうが持久運動では有利。生まれつき遅筋の割合が多いランナーのほうがマラソンに向いている、ともいわれています。

では、生まれついての才能がなければ、努力してもタイムはあがらないのかというと、そうではありません。

トレーニングにより酸素を利用する効率を高めることができれば、有酸素運動能力＝すなわち持久力が向上します。このカギを握るのがエネルギー生産工場であるミトコンドリアです。トレーニングすることでこのミトコンドリアが増え、またミトコンドリア一つひとつの機能が高まることがわかっています。ミトコンドリア内にあるエネルギー生産酵素の働きが高くなるのです。

つまり、トレーニングによって「持久系競技への適応力」をつけていけば、マラソンのタイムを大幅に短縮することは可能です。短距離走のように速筋パワーの素質で決まる競技と違い、マラソンは努力が結果に反映されやすいので、ビギナーからベテランまで、レベルに関わらずやりがいのある競技ともいえるでしょう。

②走りを支える「カラダづくり」

丈夫なカラダづくりも欠かせません。車にたとえると、ガソリンが満タンでエンジンが優れていても、車体やタイヤがボロボロでは、ロングドライブはできません。これと同様に、ランニングは脚や膝などへの衝撃も大きくなるので、筋肉や骨の強化が必要不可欠です。

③長距離を走りきる「スタミナ・持久力」

スタミナ・持久力とは、エネルギーの持続力のこと。ミトコンドリアでエネルギー（ATP）を生み出すために、酸素は欠かせない要素です。持久力が高いとは、酸素を取り込む能力が高いといい換えることもできます。トップレベルのランナーでは、一般人の2倍以上もこの能力が高いことが知られています。そしてこの大切な酸素を全身に運んでくれるのが血液中の「ヘモグロビン」です。このヘモグロビンが不足すると「貧血」になります。PART2で詳しく述べますが、貧血予防のためには「鉄＋たんぱく質」を摂ることが栄養面でのポイントです。

④走る際の「集中力」

マラソンはトップレベルのランナーでも完走まで2時間はかかる長丁場。この間、周囲のランナー、気候や路面状況などに気を配り、すべて自分で判断して走り続けなければなりません。とくに後半になるにつれて脚も重くなり疲労が蓄積します。疲れと闘いながら「もう無理だ、ペースを落とそう！」という、もうひとりの自分のささやきと葛藤しながらのランニングとなります。

いくらエネルギーがあって脚が元気でも、気持ちが切れたら走り続けることはできません。脳の主要なエネルギー源はブドウ糖です。集中力をキープするためにも、ブドウ糖を不足させないよう注意が必要となります。

⑤メンテナンス＝「体調維持」

自動車は日常の点検やメンテナンスが大切。エンジンや部品のケアを怠れば、走りに支障をきたします。同じように、ランナーもカラダのメンテナンスを忘れてはいけません。しっかり休養し十分に栄養を摂って、コンディションのよい状態でトレーニングをしましょう。

さて、以上の「走るエネルギー源」「持久系競技への適応力」「カラダづくり」「スタミナ・持久力」「集中力」「体調維持」はいずれも、「栄養」と無関係ではありません。トップアスリートでなくても、ランナーにとって栄養の知識は必要不可欠なのです。以下、栄養の基礎を「ランナーのための栄養の基礎知識」としてご紹介していきます。

ランナーのための栄養の基礎知識

食べたもののゆくえ

私たちは、「食べるもの」から栄養を摂っています。カラダをつくるため、病気やケガからカラダを守り、より健康的な毎日を過ごすため、そして何よりも生きていくためです。では、食べたものは体内でどのように栄養になっていくのでしょうか？

食べたものは、体内で一連の消化活動を経て、カラダを維持していくためのものが吸収されます。咀嚼《そしゃく》や胃腸のぜんどう運動で食べ物がすりつぶされ、栄養素が体内の消化酵素で小さな分子に分解されるのが「消化」。消化によって最小サイズに分解された栄養素が、主に小腸から体内に取り込まれることを「吸収」といいます。

その後、体内でカラダに必要なものは細胞に取り込まれ、不必要なものは排泄されます。この一連の活動が「栄養代謝」です。

5大栄養素と3つの役割

栄養素は、炭水化物（糖質）・脂質・たんぱく質・ミネラル・ビタミンの5つに分けられ、これらを総称して「5大栄養素」と呼びます。5つの栄養素にはそれぞれ特徴があり、役割により大きく3つのグループに分けられます。

1. エネルギー源となる栄養素（3大栄養素）

炭水化物（糖質）、脂質、たんぱく質

2. カラダの構成成分となる栄養素

たんぱく質、ミネラル、脂質

3. カラダの機能を調整する栄養素

ミネラル、ビタミン

私たちの健康なカラダは、この5大栄養素によってつくられています。それぞれの特徴を理解できれば、目的に合った食事コントロールがしやすくなります。健康維持や疾病予防、そしてより楽しく走るために、まずは5大栄養素の働きとカラダの関係について理解しましょう。

5大栄養素とカラダの関係

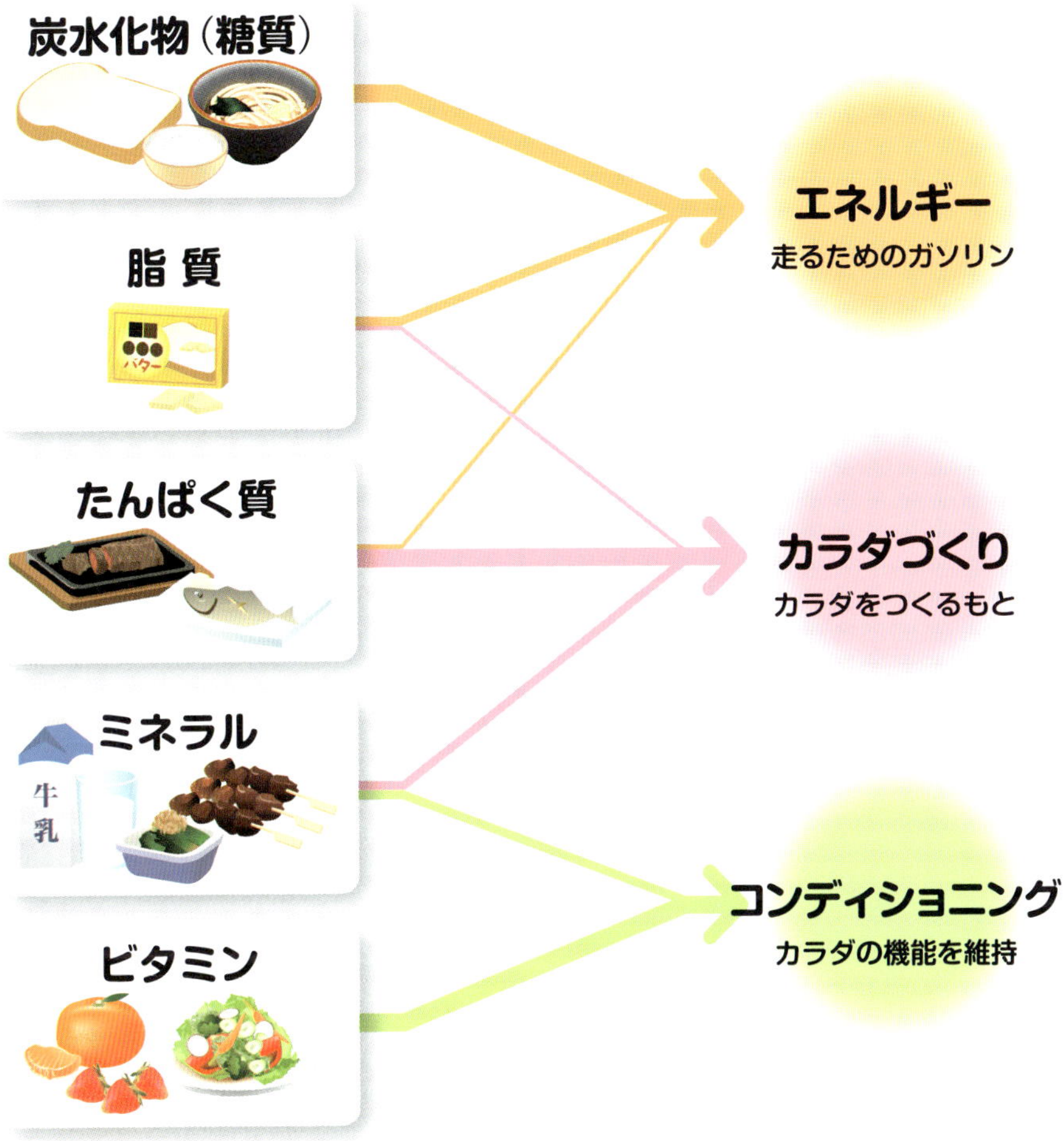

快適なランニングのためには、
5大栄養素をバランスよく摂ることが大切

栄養素の基礎知識①炭水化物（糖質）

糖質の消化吸収

食べ物として口から摂り入れた炭水化物は、体内の消化酵素で消化される「糖質」と、消化されない「食物繊維」に分類されます。このうちエネルギー源の主力となるのが糖質です。

糖質は小腸で消化酵素により消化され、ブドウ糖に分解・吸収されて、血液を通して各細胞に運ばれます。この間には多くの消化のプロセスを経由します。でんぷんのような分子量が多い糖質は消化に時間がかかり、ブドウ糖のような分子量の少ない糖質は早く消化吸収することができます。

糖質がエネルギーになるまでのプロセス＝エネルギー代謝

吸収された糖質は血液中にブドウ糖として一定量存在しますが、大部分は肝臓と筋肉に「グリコーゲン」として貯蔵されます。グリコーゲンはエネルギーとして使うときに、再びブドウ糖に分解されます。このブドウ糖がエネルギー産生回路（ＴＣＡサイクル）を通ってＡＴＰとしてエネルギーを生み出し、水と二酸化炭素が排出されます。このように、体内に吸収された糖質が、カラダに必要なエネルギーに変化するプロセスを糖質の「エネルギー代謝」といいます。

脳とカラダを動かすエネルギー源としての糖質

糖質のエネルギー量は１ｇあたり４ｋｃａｌで、脂質に比べて素早く利用されるのが特徴です。遠くまでドライブに出かけるときにガソリンを満タンにしておくように、長距離を走るときには糖質を十分に摂っておかないと、途中でガス欠を起こしてしまいます。

また、糖質には、カラダを動かすエネルギー源のほかに「脳のエネルギー源」としての重要な働きがあります。通常は脂質やたんぱく質が脳を動かすために利用されることはなく、糖質のみが持つ重要な働きです。

糖質のエネルギータンクには限界がある

肝臓と筋肉に貯蔵されている「グリコーゲン」ですが、トータルで約1800kcalまでしかストックされません。フルマラソンを1回走るためには2000〜3000kcalを消費するので、糖質が供給するエネルギー源だけでは最後まで走りきることができません。

ジョギングペースではなく記録を狙って走っているランナーが、フルマラソンの後半にガクッとスピードを落とす、いわゆる「ガス欠」は、体内の糖質が枯渇することも関係しています。

糖質の体内貯蔵量

貯蔵部位	量(g)	量(kcal)
筋肉グリコーゲン	300〜400	1,200〜1,600
肝臓グリコーゲン	75〜100	300〜400
血糖	5	20

Nutrition for Health, Fitness,& Sport, Seventh Edition, PP123, 2005より引用

炭水化物(糖質)の摂取量の目安

「日本人の食事摂取基準(2015年版)」によると、運動をしない一般人は摂取エネルギーの50〜70%を炭水化物から摂取することが望ましいと推奨されています。しかし、スポーツ選手や、走ることが習慣化しているランナーのエネルギーおよび炭水化物摂取推奨量は、性別や年齢、体格などの身体的特性や、運動の強度と頻度、練習日やレース日などによって異なります。ひとつの目安として、練習の日なら55〜60%程度、レース前やレース当日は70%程度に調整することをおすすめしています。

炭水化物(糖質)を多く含む食品

食品名	目安量	糖質(g)	エネルギー量(kcal)
ごはん	茶碗1杯(150g)	55.7	252
食パン	6枚切り1枚(60g)	28.0	158
うどん	ゆで1玉(250g)	54.0	263
スパゲティー	1人分(乾100g)	72.2	378
もち	1切れ(50g)	25.2	118
コーンフレーク	1人分(40g)	33.4	152
カステラ	1切れ(50g)	31.6	160
どらやき	1個(80g)	47.1	227
あんぱん	1個(100g)	50.2	280
じゃがいも	1個(100g)	17.6	76
はちみつ	大さじ1(22g)	17.5	65

参考:日本食品標準成分表2010年版

栄養素の基礎知識②脂質

脂質の体内での役割

脂質というと、肥満や糖尿病、メタボリックシンドロームなどを引き起こす要因として悪者扱いされ、イメージのよくない栄養素です。しかし、本来は細胞やホルモンの材料であり、人間の生命維持に欠かすことのできない重要な役割を担っています。

そのほかにも、脂溶性ビタミンの吸収を助ける、体温を維持する、臓器や細胞を衝撃から守る、細胞膜や神経組織の構成成分になるなどの役割を果たしています。

上手につき合えば脂質は頼もしい味方

糖質と合わせてランニング時のもうひとつのエネルギー源として重要なカギを握っているのも、脂質です。ある程度のスピードで走るときは糖質が主要なエネルギー源になりますが、歩行やジョギングなど、ゆっくり行う運動時は脂質が使われる割合が多くなります。

脂質が持つエネルギー量は１ｇあたり約９ｋｃａｌ。これは炭水化物やたんぱく質のエネルギー量の2倍以上に相当します。つまりそれだけパワフルで、効率のよいエネルギー源なのです。ちなみに、体脂肪１kgのエネルギーは約７０００ｋｃａｌとされています。

脂質は体内では、脂肪組織に中性脂肪として貯蔵されています。どれくらい蓄えられているかというと、たとえば体重70kgで体脂肪率が16%のランナーの場合、フルマラソン26回分の量。糖質だけのエネルギーではマラソン１回分にも満たないことから、脂質のエネルギーの大きさがわかります。

体重が軽いほうが速く走れるという安易な考えで、脂質を極端に控えてダイエットをするランナーもいますが、これはかえって危険。エネルギー不足からカラダに支障をきたす場合もあります。最低限必要な脂質は確保しましょう。

脂質の摂取量の目安

「日本人の食事摂取基準(2015年版)」によると、1日の総摂取エネルギーのうち、20〜30%を脂質から摂取することが望ましいとされています。

通常の食事をしていれば脂質の不足を心配する必要はありませんが、脂質の摂りすぎは肥満など生活習慣病を引き起こすリスクを高めます。

毎日の食習慣として、脂質エネルギー比率が30%を超えないように気をつけるとよいでしょう。

貯蔵エネルギー(体脂肪の例)

一般男性 70kg 体脂肪率16%	約80,000kcal
一般女性 55kg 体脂肪率25%	約100,000kcal
トップランナー 60kg 体脂肪率10%	約42,000kcal

アスリートにも体脂肪は重要なエネルギー源

体脂肪はどんなレベルのランナーも等しく持っている膨大なエネルギー源。これを使わない手はない!

脂質の摂りすぎ度チェックシート

脂質を摂りすぎていませんか? 以下の項目をチェックして、5つ以上当てはまったら要注意! 食生活の見直しが必要です。

- □毎日1回以上、揚げ物を食べる
- □サラダにはマヨネーズやドレッシングをたっぷりかける
- □クロワッサン、デニッシュなど油脂の多いパンをよく食べる
- □ファストフードをよく食べる
- □スナック菓子をよく食べる
- □肉は赤身より脂身を好んで食べる
- □生クリームやバターを使ったケーキ、クッキーをよく食べる
- □白米よりチャーハンのほうが好き
- □パスタはペペロンチーノよりカルボナーラ
- □和菓子より、洋菓子派

脂質を多く含む食品

食品名	目安量	脂質(g)	エネルギー量(kcal)
調合油(サラダ油)	大さじ1(13g)	13.0	120
バター	10g	8.1	75
マヨネーズ	大さじ1(14g)	10.5	98
生クリーム	大さじ1(15g)	6.8	65
デニッシュパン	1個(100g)	20.7	396
フライドポテト	Mサイズ	24.2	454

参考:日本食品標準成分表2010年版

栄養素の基礎知識③たんぱく質

たんぱく質の分解と合成

たんぱく質のことを英語で「Protein」（プロテイン）といいます。このプロテインはギリシャ語の「Proteios」（プロテウス）「もっとも重要なもの、第一のもの」という語源に由来し、生きていくうえで欠かすことのできない大事な栄養素です。毎日の食事から摂取したさまざまなたんぱく質は、アミノ酸まで分解（消化）され、腸から吸収されます。その後、必要に応じて体たんぱく質へともう一度合成されていきます。

たんぱく質の役割

たんぱく質の役割は、以下の通りさまざまです。

①筋肉や骨、血液、内臓、皮膚、毛髪、爪などカラダの構成成分になる。
②血液中のヘモグロビンの材料になる。
③酵素の材料になり、カラダの機能を維持・向上させる。
④免疫細胞の材料となり、病気やケガに対する抵抗力を高める。
⑤ホルモンや神経伝達物質をつくり、脳や神経の働きを活発にする。

体たんぱく質は20種類のアミノ酸からつくられる

たんぱく質は人のカラダにある60兆個の細胞の構成成分として、体内に約15％存在しています。カラダは約10万種類ものたんぱく質で構成されていますが、これらはわずか20種類のアミノ酸によってつくられています。このうち、11種類のアミノ酸は体内で合成できますが、9種類のアミノ酸は体内では合成できないため「必須アミノ酸」と呼ばれ、毎日の食事から摂らなくてはなりません。

たんぱく質の栄養価は、この必須アミノ酸バランスで評価され、一般に、肉、魚、卵、乳製品などの動物性食品が「良質たんぱく質」の食品とされています。

たんぱく質の摂取量の目安

一般人のたんぱく質の摂取推奨量は、体重1kgあたり約1gとされています（体重60kgなら1日60g必要）。

スポーツ選手の場合は、スポーツの種目や運動強度によっても異なりますが、体重1kgあたり2g。一般人の2倍必要です。ランナーであれば、体重1kgあたり1～2gを目安とし、体重や体調、運動量、シーズン、目的によって量をコントロールしていくことをおすすめします。長距離をしっかり走りこんでいるランナーは体重1kgあたり2gを目安にするとよいでしょう。

アミノ酸の種類

必須アミノ酸9種
イソロイシン・ロイシン・バリン・ヒスチジン・フェニルアラニン・トリプトファン・リジン・メチオニン・スレオニン
非必須アミノ酸11種
アスパラギン酸・グルタミン酸・アスパラギン・グルタミン・アルギニン・チロシン・グリシン・アラニン・システイン・セリン・プロリン

必須アミノ酸は食品から摂らなければならない。9つのうちのどれかひとつでも必要量を満たさないと体内での利用率が下がるため、必須アミノ酸のバランスのよいたんぱく質を「良質たんぱく質」という。

たんぱく質を多く含む食品

食品名	目安量	たんぱく質（g）	エネルギー量（kcal）
牛もも肉（赤身） 	100g	20.5	181
豚もも肉（赤身） 	100g	21.5	148
鶏ささみ肉 	100g	23.0	105
マグロ赤身 	7切（70g）	17.0	74
卵	1個（50g）	6.2	76
豆腐（木綿） 	1/2丁（150g）	9.9	108
納豆 	1パック（50g）	8.3	100
牛乳 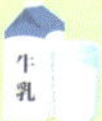	コップ1杯（200mℓ）	6.6	134

参考：日本食品標準成分表2010年版

栄養素の基礎知識④ミネラル

ミネラルの重要な働き

自然界には100以上の元素が存在しますが、私たちのカラダの96%は、酸素、炭素、水素、窒素の4つで構成されており、残りの4%にあたる元素のことをミネラル（無機質）と呼んでいます。糖質、脂質、たんぱく質のような3大栄養素に比べて、カラダに必要な量こそ微量ですが、カラダづくりや体調を維持していくうえで、なくてはならない栄養素です。

とくに重視したいミネラルはカルシウムと鉄

人間にとって不可欠なミネラルは16種類あります。ランナーにとってとくに重要な役割をしているのが、カルシウムと鉄。このふたつはふだんの食事からの摂取が難しいミネラルです。不足しやすいことに加えて、体内への吸収率が悪く、汗と一緒に失われてしまうので、意識して摂取しなければなりません。ふたつのミネラルの働きを解説していきましょう。

●カルシウム

体内のカルシウムの99%が骨や歯の形成に用いられています。丈夫な骨を維持し、疲労骨折などのケガを予防するためには必要不可欠な栄養素です。

残りの1%は筋肉の収縮や神経伝達の調整をしています。カルシウムの摂取が足りずにカルシウム濃度が低下すると、ケイレン・足つりなどを起こしやすくなります。また、カルシウムが不足して骨がもろくなると、骨折しやすくなります。

発汗量の多いランナーはとくに、汗によるカルシウムの損失分も含めて、日頃からしっかり強化しておきたいところ。また、成長期の子どもや女性は不足の悪影響が出やすいので要注意です。

●鉄

鉄は体内では肝臓や血液中に多く存在し、持久力を支える栄養素として重要な働きをしています。なぜなら、鉄はたんぱく質と結合して、酸素を運ぶ役目を担うヘモグロビンの材料となるからです。

鉄が不足すると、酸素の運搬がスムーズにできなくなってスタミナが低下し、鉄欠乏性貧血を招きやすくなります。長い距離を走り込む時期はとくに、汗から鉄が失われるので、一般成人に必要とされる7〜10・5㎎の倍は摂取するようにしましょう。

また、女性は月経により鉄が不足しやすいので、積極的に鉄の補給をしましょう。

カルシウムと鉄の摂取量の目安

健康の維持・増進を目的として1日に摂取したいカルシウムは、成人男性650〜800㎎、成人女性650㎎。鉄は成人男性7〜7.5㎎、成人女性10.5㎎です（「日本人の食事摂取基準」2015年版）。ランナーの皆さんではさらに多くの量が必要です。なぜなら発汗により損失量は増え、骨・血液の代謝も運動時には活発になるからです。日頃からハードな練習をし、長距離を走り込むランナーは、上記の数値の2倍程度を目安にしましょう。さまざまな科学的研究知見によれば、アスリートの推奨量は、カルシウム1,200〜2,000㎎、鉄20〜25㎎です。

カルシウムを多く含む食品

食品名	目安量	カルシウム(㎎)	エネルギー量(kcal)
牛乳	コップ1杯(200㎖)	220	134
プレーンヨーグルト	1個(150g)	180	93
チーズ	6P1個(28g)	176	95
シラス干し	大さじ2(10g)	21	11
桜エビ	10g	200	31
小松菜のおひたし	1人前(80g)	120	19
切干大根の煮物	1人前(40g)	112	135

参考：日本食品標準成分表2010年版

鉄を多く含む食品

食品名	目安量	鉄(㎎)	エネルギー量(kcal)
レバにら炒め	1人前(豚レバー100g)	13.7	268
焼鳥レバー	2本(鶏レバー)	7.2	89
ひじき(煮物)	1人前(干しひじき5g)	4.5	169
アサリ(つくだ煮)	中スプーン1杯(10g)	1.9	23
カツオ	1人前(5切 100g)	1.9	140
ほうれんそう(おひたし)	1人前(80g)	0.9	26

参考：日本食品標準成分表2010年版

栄養素の基礎知識⑤ビタミン

代謝に関わるビタミン

ビタミンもミネラル同様、健康に生きていくために不可欠な微量の栄養素です。多くのビタミンは、糖質、脂質、たんぱく質の代謝をスムーズにする潤滑油のような働きをしています。また、老化や生活習慣病の原因になる活性酸素を除去する働き（抗酸化作用）を持っています。必要な量はごく微量ですが、体内ではほとんどつくることができないため、食品から摂取しなくてはなりません。不足するとさまざまな欠乏症を招きます。

ビタミンには脂溶性と水溶性の2種類がある

ビタミンは13種類あり、その性質から脂溶性ビタミンと水溶性ビタミンのふたつに大別されます。両者の違いは文字通り、脂（油）に溶けるか、水に溶けるかです。

脂溶性ビタミンは細胞膜などに存在し、細胞の安定化や機能に関わります。食事の際、油と一緒に摂取すると吸収率が高まります。一方、水溶性ビタミンは細胞の構成成分を助ける形で存在します。脂溶性ビタミンが体内に蓄積する性質を持つのに対し、水溶性ビタミンは多く摂取しても尿や汗と一緒に排出されます。脂溶性と水溶性、どちらも適量を毎食摂取する必要があります。

ここではとくにランナーに関わりの深いビタミンの働きについて解説していきましょう。

●ビタミンB_1

糖質の代謝を助けるため、運動でエネルギー代謝が高まると必要量が増えます。不足するとエネルギーが効率よく燃焼しないため、疲れやすくなったりガス欠の原因に。甘いものの食べすぎやお酒の飲みすぎはビタミンB_1を無駄に消費させることになるので注意しましょう。

●ビタミンB_2

糖質、脂質、たんぱく質の代謝を助け、とくに脂質のエネルギー代謝に深い関わりを持ちます。ゆっくりペースで走るときは脂質がエネルギーとして使われるので、そのときビタミンB_2の消費量も増えます。不足すると口内炎や口角炎、目の充血などの症状を招きます。

●ビタミンC

腱や靭帯など結合組織の成分「コラーゲン」の合成に関わるので、ケガの予防に欠かせません。また、ストレスの緩和、免疫力の向上など、日々のコンディションにも深く関わります。鉄の吸収を高める抗酸化作用を持つなど、ランナーには欠かせないビタミンです。

ビタミンの摂取量の目安

健康の維持・増進を目的として1日に摂取したい推奨量は、ビタミンB_1が1.1～1.4mg、ビタミンB_2が1.2～1.6mg、ビタミンCが100mgです(「日本人の食事摂取基準」2015年版)。ランナーである皆さんは運動量に見合ったエネルギー摂取量が多くなるので、ビタミンB_1、B_2を多く必要とします。なぜならこれらのビタミンは、エネルギーの代謝に関わり、それに比例して消費するからです。また、コンディショニングに深く関わるビタミンCも同様に必要な量が増えます。レースの前後でカゼ予防などのケアが必要な時期はとくに意識して摂取するようにしましょう。

さまざまな科学的研究知見によれば、アスリートの推奨量としては、ビタミンB_1は2～3mg、ビタミンB_2は2～3mg、ビタミンCは200～500mgをひとつの目安としています。

ビタミンの種類	
脂溶性	A・D・E・K
水溶性	B_1・B_2・ナイアシン・B_6・B_{12}・葉酸・パントテン酸・ビオチン・C

各ビタミンを多く含む食品

ビタミンB_1

食品名	目安量	ビタミンB_1(mg)	エネルギー量(kcal)
豚もも肉	100g	0.94	148
ボンレスハム	2枚(40g)	0.36	47
玄米シリアル	1食分(40g)	0.50	160
玄米ごはん	1杯(150g)	0.24	248
ライ麦パン	6枚切り1枚(70g)	0.11	185

ビタミンB_2

食品名	目安量	ビタミンB_2(mg)	エネルギー量(kcal)
焼鳥レバー	2本(鶏レバー80g)	1.44	89
うなぎの蒲焼	1人前(80g)	0.59	234
牛乳	コップ1杯(200mℓ)	0.30	134
納豆	1パック(50g)	0.28	100
卵	1個(50g)	0.22	76
サバ	1切(80g)	0.22	162

ビタミンC

食品名	目安量	ビタミンC(mg)	エネルギー量(kcal)
オレンジ	1個(100g)	40	39
グレープフルーツ	1/2個(200g)	72	76
キウイフルーツ	1個(100g)	69	53
いちご	5個(75g)	47	26
果汁100%オレンジジュース	コップ1杯(200mℓ)	84	84
ブロッコリー	1人前(80g)	43	22
じゃがいも	中1個(150g)	32	110

参考：日本食品標準成分表2010年版

実践編「栄養フルコース型」の食事

バランスのよい食事とは

これさえ食べれば栄養がパーフェクトに摂れるという食材や、ひとつの栄養素だけで構成されている食品は存在しません。だからこそ、いろいろな食品を選んで、それぞれが持つ栄養素を考え、バランスを整える必要があります。

とはいえ、毎回の食事で5大栄養素のバランスを考えるのはたいへんです。練習で1日だけ頑張ったところで急にタイムが伸びたりしないように、1日だけ完璧な食事をしたところで、急に「走るためのカラダ」ができるわけではありません。だからこそ、毎日無理なく継続できる方法で、栄養バランスを整えることが大切です。

毎食5つの品目をそろえるところから始めよう

そこで、今の食生活に少し工夫をするだけで簡単に実践できる、「栄養フルコース型」の食事を紹介しましょう。

「栄養フルコース型」の食事とは、1主食2おかず（肉・魚・卵・大豆製品）3野菜4果物5乳製品の5つをそろえる食事方法です。これを毎食実践することで、難しく考えなくても5大栄養素をまんべんなく摂取でき、自然にバランスのよい食事になります。

この「栄養フルコース型」の食事はランナーだけに有効なわけではなく、スポーツの種目、運動強度やレベル、目的などが違ってもオールマイティに応用できる食事メソッドです。一つひとつの食材に含まれる栄養素を厳密に考えるよりも、食事の「型」で覚えてしまえば実践もしやすくなるでしょう。

あなたの食事は5つのうち、いくつそろっていますか？まずは、朝食に納豆またはヨーグルトをプラスするなど、これなら続けられそう、といったところから少しずつ改善していきましょう。

「栄養フルコース型」の食事例

「栄養フルコース型」の食事とは、下記のように 1 主食 2 おかず 3 野菜 4 果物 5 乳製品をすべてそろえた食事スタイルのことです。この基本を押さえておけば、栄養バランスのよい食事が摂れます。

1 ごはん
2 サーモンソテー
3 付け合わせ野菜
2 3 大豆とひじきの煮物
3 ほうれんそうのおひたし
2 シジミのみそ汁
4 キウイフルーツ、オレンジ
5 低脂肪乳

主な働き	主な栄養素	主な食べ物
1 主食 エネルギー、集中力の維持	・炭水化物（糖質）	ごはん 食パン うどん じゃがいも
2 おかず 強いカラダをつくる	・たんぱく質 ・脂質 ・鉄	しょうが焼き マグロの刺身 卵 納豆
3 野菜 体調を整える	・ビタミン ・ミネラル	野菜サラダ おひたし 野菜炒め 野菜の煮物
4 果物 疲労回復、ケガの予防、ストレスを抑える、カゼの予防	・ビタミン ・炭水化物（糖質）	オレンジ いちご バナナ オレンジジュース
5 乳製品 強い骨をつくる、精神を安定させる、筋肉の動きをスムーズにする	・カルシウム ・たんぱく質	牛乳 ヨーグルト チーズ

外食も「栄養フルコース型」の食事で

外食を利用するときのポイント

1日1度は外食を利用する、という人は多いはず。場所は変わっても考え方のベースは同じ、「栄養フルコース型」の食事です。外食のメニューだけで「栄養フルコース型」の食事がそろわない場合は、食後や間食を利用して後から不足分を補うようにしましょう。

定食屋＆社員食堂

「栄養フルコース型」の食事が整いやすく◎。定食スタイルのメニューに、果汁100％ジュースとヨーグルトをセットすれば「栄養フルコース型」の食事が整います。納豆、冷やっこ、サラダ、お惣菜のようなサイドメニューを加え、食事量を調整しましょう。

定食

＋

オレンジジュース

＋

ヨーグルト

居酒屋

ヘルシーな和風メニューが豊富な居酒屋は、ランナーにおすすめです。お造りや煮魚、焼き鶏、だし巻き卵、豆腐料理、枝豆など、高たんぱく・低脂肪のメニューが充実しているので、「栄養フルコース型」の食事にぴったり。ただし、味の濃い料理や油っこいメニューは、アルコール飲料やソフトドリンクなどの飲みすぎにつながることもあるので気をつけましょう。しょうゆなどの卓上調味料は料理の味をみてから使用するなど、使いすぎないように。アルコールは1回の食事で飲む量の上限を決めるなどして、飲みすぎないように心がけましょう。果物と乳製品も忘れずに。

おにぎり

＋

マグロの刺身

＋

れんこん豆腐サラダ

＋

枝豆

＋

焼き鶏

ファストフード店

ハンバーガーや牛丼、回転寿司、立ち食いそばなどは、主食(パンやごはん、麺)とおかず(肉や魚)に偏った食事になりがちです。1品でも野菜を使っているものを選んだり、メインのメニュー(丼や寿司)だけでなく、サイドメニューでサラダや果物を合わせて食べるとよいでしょう。

また、回転寿司や立ち食いそば屋では塩分の摂りすぎに注意し、食べる皿数を決めたり、麺類の汁は残すなどの工夫を。なお、ファストフードは短時間で手早く食べられるのがメリットですが、早食いは禁物です!

チーズバーガー

+

サラダ

+

野菜ジュース

+

フルーツヨーグルト

飲食店で足りない分をプラス!

専門店

フレンチ、イタリアン、中国料理、韓国料理、タイ料理など、最近は世界各国のいろいろな料理の専門店が増え、おいしい料理が食べられます。このようなお店で食べる場合にも、主食やおかずが中心の料理ばかりを選ばず、野菜サラダや野菜小鉢とのセットものを選びましょう。大人数で利用するときは、いろいろな種類の料理を注文して主食・おかず・野菜をそろえ、シェアするなどの工夫をしましょう。

五目ラーメン

+

餃子

飲食店で足りない分をプラス!

+

フルーツヨーグルト

ファミリーレストラン

価格が手頃で気軽に利用できますが、野菜が摂りにくく、脂質や塩分が多くなりがちです。最近では単品メニューが充実したお店も多いので、野菜の摂取に気を配りながら選びましょう。また、ドリンクバーなどでは、糖分を多く含む炭酸飲料やジュース類などを飲みすぎないようにし、2杯目からは無糖のお茶やコーヒーなどを利用するとよいでしょう。

オムライス

+

野菜サラダ

+

オレンジジュース

+

ヨーグルト

飲食店で足りない分をプラス!

コンビニも「栄養フルコース型」の食事で

賢いコンビニ利用法

いまや、私たちの生活に欠かせない存在となっているコンビニエンスストア、通称コンビニ。24時間開いていて、日常生活での必需品もそろっているので、ふらっと立ち寄るにはたいへん便利。自炊する暇がないときの食糧調達にも何かと重宝します。

実はコンビニ食は、組み合わせ次第で「栄養フルコース型」の食事がしっかり組み立てられる、最適な選択肢のひとつです。ランニングコースの行き帰りに上手に活用すれば、栄養バランスの整ったエネルギー補給も十分に可能です。

そこで、コンビニを賢く利用するためのポイントをまとめてみました。ふだんの食事やトレーニング後の食事など、自分の目的や状況に応じてバランスよくチョイスできれば、いざというときの強い味方になってくれるはずです。

おすすめのコンビニ食

お弁当類	幕の内弁当など、おかずの種類が多い和食弁当 
おにぎり	梅干し・昆布・鮭など、オーソドックスな具
パン	サンドイッチ：野菜・ハム・チーズ・卵などを組み合わせたタイプ
菓子パン	あんぱん・ジャムパン (デニッシュ系の菓子パンは控えよう) 
麺類	うどん・そば (パスタはクリーム系ソースはなるべく避けよう)
おかず	豆腐・ゆで卵・肉じゃが・肉まん・ちくわ 
お惣菜・サラダ	ほうれんそうのゴマ和え・ひじきの煮物・切干大根の煮物・野菜の煮物・サラダなど
飲み物	果汁100%ジュース・牛乳・ヨーグルトドリンク 
デザート・フルーツ	ヨーグルト・フルーツゼリー・和菓子・カットフルーツ・バナナ

通常の食事で利用するなら……

コンビニが力を入れているお弁当には、さまざまな種類があります。ただ欠点としては、肉や揚げ物が多く、野菜が少ないことが挙げられます。お弁当を選ぶときは栄養が偏ることのないよう、丼ものや麺類などより、幕の内弁当などいろいろな食材が入っているものを選ぶことがポイントです。

不足しやすい野菜を補うには、ほうれんそうのゴマ和え、野菜の煮物のような、緑黄色野菜や根菜類などを使ったお惣菜を組み合わせましょう。最近では小分けパックのお惣菜も豊富なので上手に活用を。さらに、カットフルーツや果汁100％ジュース、牛乳やヨーグルトなどの乳製品をそろえて、「栄養フルコース型」の食事を意識すれば栄養バランスがアップします。

例1

幕の内弁当　お惣菜　オレンジジュース　ヨーグルト

例2

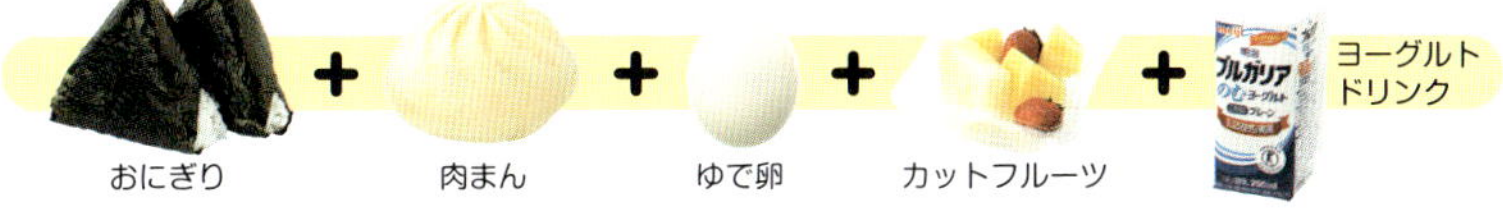

おにぎり　肉まん　ゆで卵　カットフルーツ

例3

走った後の補食で利用するなら……

トレーニング後すぐに食事できるなら問題ありませんが、帰宅するまでに1時間以上空いてしまう、または走った後にしばらく食事ができない場合はコンビニの出番。「ちょっと小腹を満たす」というのはカラダのためにとても有効です。

トレーニング後は、カラダに蓄えていたエネルギーを消費し、カラダはダメージを受けた状態にあります。このとき、いかに早く炭水化物（糖質）とたんぱく質を補給するかが、疲労回復とカラダづくりのポイントになります。

例1

あんぱん　ヨーグルトドリンク

例2

肉まん　オレンジジュース

Let's RUN!

サプリメントを賢く利用する

サプリメント本来の活用法を知る

「サプリメント」という言葉は英語の「Supplement（補足や追加）」に由来し、「足りない栄養素を補う食品」のことをいいます。「薬」でも「食事代わり」でもありません。食生活改善はバランスのとれた食事が第一ですが、さらに食事の摂取状況や環境、運動量などに応じて、サプリメントを活用する方法もあります。

形態や目的など多種多様ですが、サプリメントは、大きくふたつに分類されます。いわゆるサプリメント（Dietary Supplements）。これは、食事から十分な摂取ができない場合に補われる栄養素や成分のこと。もうひとつはエルゴジェニックエイド（Ergogenic Aids）。運動能力に影響する可能性のある栄養素や成分のことです。

練習量の多いランナーほど、より多くのエネルギーや栄養が必要となるため、利便性、簡便性など利点の多いサプリメントの活用が注目されています。ただこのとき、自分がどんな目的でサプリメントを利用したいのかを考え、それに適したものを選択することが重要です。また、摂取タイミングによっては効果を半減させてしまうことや過剰摂取で健康を害することも。いつどれくらい摂るべきなのかを十分理解したうえで活用しましょう。

ミニ知識

サプリメントは安全安心なものを

JADAマーク

成分やカラダへの副作用が明確にされている医薬品とは違い、日本ではサプリメントにそれらの表示義務がありません。むしろ特定保健用食品以外は効果効能の表示が禁じられているため、「どんな効果が期待できるのか？」についてわかりにくくなっています。海外のサプリメントのなかには日本では薬に当たる成分や、肝臓などカラダに悪影響を及ぼす成分が含まれることもあるので注意が必要です。

また、海外のサプリメントにはドーピング禁止薬物が含まれているものも。「日本アンチ・ドーピング機構」が認定した「JADA認定商品マーク」の有無が選択基準になります。ドーピング禁止薬物は毎年更新されるので下記URLを参考にしてください。

（公財）日本アンチ・ドーピング機構（JADA）
http://www.playtruejapan.org/

食事とサプリメントの関係

食事

すべての栄養素は食事から摂取
・エネルギー源となる栄養素
・カラダづくりに必要な栄養素
・コンディショニングのための栄養素

サプリメント (Dietary Supplements)

食事だけでは足りない栄養素を補充

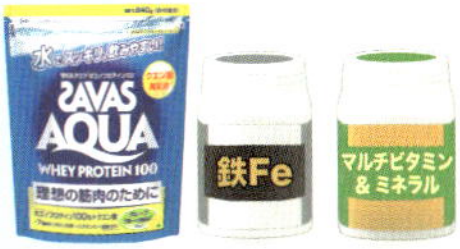

エルゴジェニックエイド (Ergogenic Aids)

栄養を補給するだけでなく、
競技力向上のために戦略的に摂る

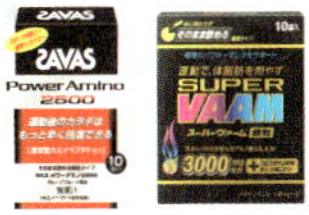

STEP 1 栄養摂取の基本は第一に食事。まずは食事の見直しから。

STEP 2 足りない栄養素を上手にサプリメントでカバーする。

STEP 3 さらなる競技力向上を目的としてエルゴジェニックを活用する。

水の役割と水分補給の重要性

体内における水の役割

ランナーにとって重要なのは栄養素だけではありません。カラダの約60％を占める水は、生命を維持するためにもっとも重要な成分です。水は、酸素の全身への運搬、栄養素の消化吸収、体温の調節などありとあらゆる生命活動に関わっていて、欠乏するとカラダはさまざまなダメージを受けます。

成人が1日に必要とする水分量は約2.5ℓ、これは体内でつくられたり、飲食によりまかなわれます。一方でその同量の水分が尿や汗などによって体外に排出され、通常はその均衡が保たれています。

運動中の水分補給の重要性

①運動中の体温上昇を抑える

汗は冷却機能という大切な役割を持っています。運動によって上昇した体温を下げ一定に保つために、カラダは汗をかいて熱を逃がします。しかし、体重の約3％の水分を失うと冷却機能は大幅に低下し、結果として運動能力も低下します。さらに脱水が進むと熱中症で倒れる危険性が高まり、重篤な場合は命にも関わります。

とくに夏場など炎天下での運動では発汗量も多くなり、体内の水分量が低下します。この状態で体温が上昇すると、車でいえばオーバーヒートの状態に。その結果、ランニングを続けることが困難になるのはもちろん、めまいやケイレン、熱中症などに陥ってしまいます。

このような事態を避けるためにも、運動中の水分補給は重要です。汗によって損失する水分量は体重の2％未満にとどめることを目安としましょう。

②汗で失われたミネラルを補給する

運動時には、発汗量に見合った水分を確保しなくてはなりません。ただし、汗はただの「水」だけでなく、ナトリウムやカリウム、カルシウム、鉄といったミネラル（電解質）を含んでいます。これらのミネラルを適切に補給しないと、筋肉の収縮に悪影響が生じ、足つりなどを引き起こすこともあります。そのため、運動時の水分補給は水だけでなく、ミネラルも一緒に補給することが重要なポイントになります。

1日の水分摂取量と排泄量

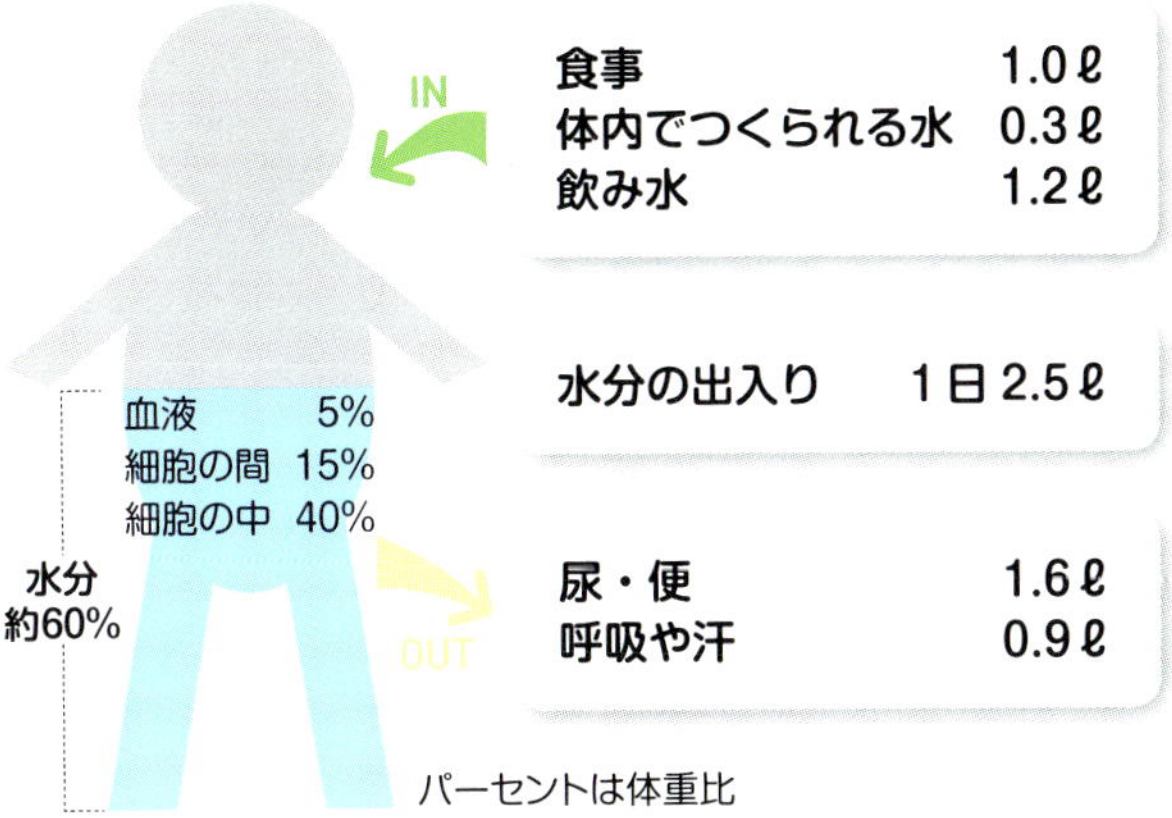

運動をしていない日でも、2.5ℓの水分が出入りしている。走った日は、ふだん以上に多くの水分を摂る必要がある。

環境省「熱中症環境保健マニュアル　2014」より引用改変

運動時に水分が不足すると？

運動時に十分な水分補給が行われなかったらどうなる?

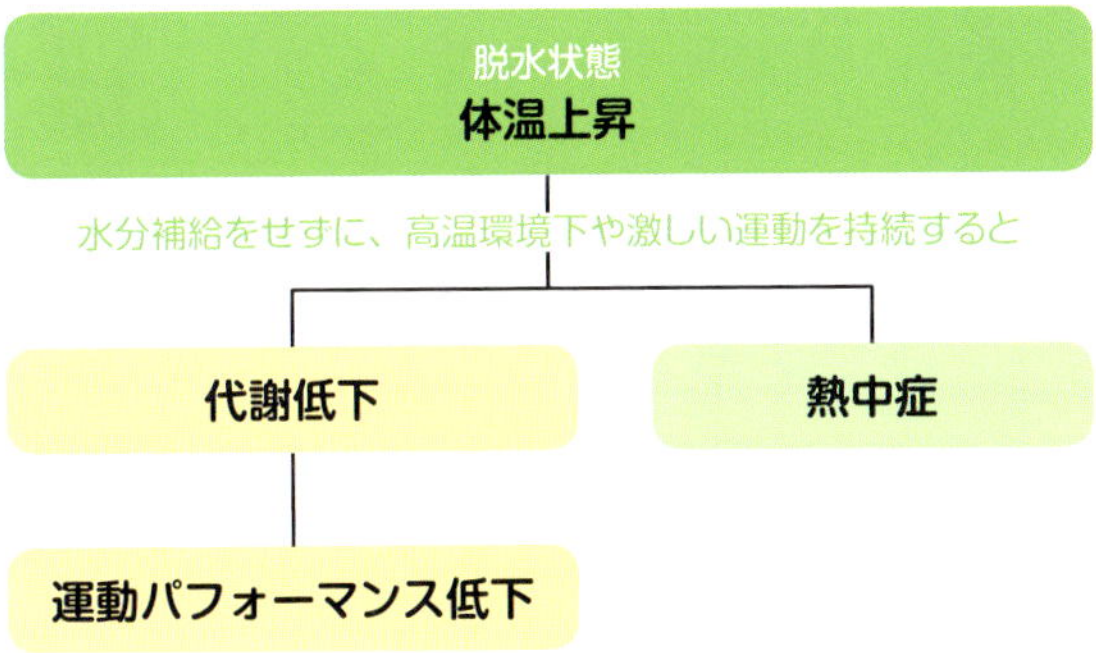

水分減少率（体重に占める割合）	主な症状
2%	のどの渇き
3%	強い渇き、ぼんやりする、食欲不振
4%	皮膚の紅潮、イライラする、体温上昇、疲労困憊、尿量の減少と濃縮
5%	頭痛、熱にうだる感じ
8～10%	身体動揺、ケイレン

水分補給のタイミングは自分で見つけよう!

環境省「熱中症環境保健マニュアル　2014」より引用改変

ランニング時の適切な水分補給

スポーツドリンクをこまめに

ランニングライフを快適にするための実践的な水分補給のポイントを押さえましょう。ポイントは次の5つです。

①走る前にも十分な水分補給を行う

運動中の脱水を防ぐためにも運動前から十分な水分補給を。目安として走り始める30分くらい前までに、250～500㎖の水分を補給するようにしましょう。

②のどが渇く前に、こまめに、少しずつ飲む

水分を一度に吸収できる量には限界があります。また、のどが渇いてから一気飲みしても、そのときはすでに脱水は進行しています。とくに長い距離を長時間をかけて走る練習やレースの際は、「水が飲みたい」と感じる前からのこまめな水分補給を徹底しましょう。気象条件や体調にもよりますが、目安としては15～30分ごとにコップ1～2杯程度。こまめに水分補給ができるように、ペットボトルやスクイズボトルを携帯したり、途中でドリンクを購入できるように小銭を持って走りましょう。

③ランニング中は最適なスポーツドリンクを

ランニング中の水分補給は水やお茶ではなく、発汗により失われたミネラル(電解質)、血糖値の維持に必要な糖質を含むスポーツドリンクが最適です。ただし、ドリンクに糖分がたくさん含まれていると吸収速度が遅くなります。運動中はできるだけ胃から腸への水分の移行が速く、速やかに吸収されるハイポトニック飲料がベスト。糖濃度2.5％程度のものがおすすめなので、糖濃度が5～6％に設計されているスポーツドリンクなどは、水で半分程度に薄めるとよいでしょう。

④適度に冷やしておく(5～15℃)

運動時のドリンクは常温より冷したほうがベター。5～15℃の水分の吸収が速いことは科学的にも証明されており、体温を下げる効果もあるので、一石二鳥です。

⑤ランニング前後の体重測定で発汗量を知る

水分補給が成功か否かは、ランニング前後の体重測定によってある程度把握することができます。走った後の体重の減少はほぼ発汗量に相当します。ランニング後の体重減少がランニング前の2％未満であれば、水分補給量は適量と判断してよいでしょう。

体重減少がもとの体重の2％を上回っている場合は脱水状態と考え、水分補給を徹底しましょう。練習日記には練習メニューだけでなく、運動前後の体重の変化を記録しておきましょう。

ミニ知識

速やかに吸収される「ハイポトニック飲料」って何？

人間のカラダは、血液などの体液の濃度が一定に保たれるようにできています。たとえば、体液より濃い飲料を摂取すると、この飲料がそのまま細胞内に入らないように細胞外と細胞内の間で水分の移動が起こります。この水分の移動の圧力を「浸透圧」といい、濃度が高いほど浸透圧は高くなります。

体液の浸透圧を基準として、浸透圧が体液よりも低い濃度の飲料を「ハイポトニック飲料」、体液と等しい濃度の飲料を「アイソトニック飲料」、体液より濃い飲料を「ハイパートニック飲料」と呼びます。

運動中は消化吸収力が低くなるので濃い飲料の摂取は控えるべきで、体液よりも低い濃度の飲料、「ハイポトニック飲料」が理想的です。細胞外から細胞内へ水分が移行するので、体内に水分を効率的に取り込むことができます。

ランニング時の水分補給のポイント

①ランニング前に十分な水分補給を行う
走り始める30分くらい前までに、250～500mlの水分を補給しよう！

②のどが渇く前に、こまめに、少しずつ飲む
一気飲みはしない！
長い距離、長い時間走るときは、水分補給用ボトルや小銭を持参しよう！

③ランニング時は最適なスポーツドリンクを！
お茶、水だけでなく、糖分、ミネラルを含んだスポーツドリンクを飲もう
運動中でも水分が素早く吸収されるようにハイポトニック飲料を選ぶのがベスト

④適度に冷やしておく（5～15℃）
冷えたドリンクのほうが速やかに吸収される

⑤ランニング前後の体重測定で自分の発汗量を知る
体重減少はランニング前の体重の２％未満に

ランニング時の補食

運動前は消化のよいものを

いざ走ろうとしても、カラダにエネルギーが十分量なければ脚は動きません。血糖値が低いと集中力は上がらず、エネルギーも効率よく燃えません。事前に炭水化物（糖質）を確保しておきましょう。できるだけ消化しやすい補食（間食）を利用するのがおすすめです。走る1時間半～2時間くらい前に食べるなら、消化のよいおにぎりやあんぱん、カステラなど。30分～1時間前なら、より吸収の速いエネルギーゼリーなどを補給しましょう。

脂質の多いものは胃もたれの原因となります。運動時には血液が筋肉に集中するので、胃に食べ物があると不快感が生じます。油っこいものは最小限に。

運動中は糖質補給

短時間なら補食は必要ありませんが、運動が長時間の場合は、エネルギーの枯渇もランニングに影響します。20㎞、30㎞走など長い距離、長い時間を走り込む練習時には、エネルギーゼリーやジェル、ブドウ糖のタブレットなどを携帯し、途中で補給するようにしましょう。

運動後は糖質＋たんぱく質

長時間のランニングやスピード練習の後は、筋グリコーゲンがかなり減少しています。運動後2時間以上経過してからの摂取は、直後の摂取と比べて、筋グリコーゲン合成速度が低下することがわかっています。走った後は素早く糖質を摂ってグリコーゲンの回復を図りましょう。必要な摂取量は、体重1㎏あたり1ｇ以上。おにぎりやパン、バナナやエネルギーゼリーなどがおすすめです。

また、糖質と合わせてたんぱく質を摂取することで、より筋グリコーゲンの合成が促進されることもわかっています。ランニング後は筋肉自体も疲労しているので、たんぱく質摂取はより重要。具の入ったおにぎりやサンドイッチ、ヨーグルト、プロテインもおすすめです。

ランニング時の補食のタイミング

	ランニング前		ランニング中	ランニング後	
ポイント	食事を摂ってから走るまでに4時間以上空く場合は補食を摂ろう		長距離・長時間の場合は、素早くエネルギーになる補食を携帯しよう	ランニング後の補食は、素早い疲労回復とカラダづくりにつながる。特に食事までに1時間以上空く場合はぜひ補食を	
栄養素	**炭水化物(糖質)** 消化がよく、すぐエネルギーになる		**炭水化物(糖質)** 消化がよく、すぐエネルギーになる	**炭水化物(糖質)** 運動で使われたエネルギーを回復	**たんぱく質** 運動でダメージを受けた筋肉のリカバリーに
補食	**1時間半〜2時間前なら** おにぎり あんぱん カステラ 	**30分〜1時間前なら** エネルギーゼリー アミノ酸系サプリメント 	エネルギーゼリー ジェル ブドウ糖タブレット 	おにぎり あんぱん カステラ バナナ 果汁100%オレンジジュース エネルギーゼリー 	牛乳 ヨーグルト プロテイン 

あなたの食事は？ タイプ別栄養診断

自分に近い食習慣をチェック！
練習前後の食事アドバイスも必見

さて、楽しいランニングライフを過ごすために必要な、ランナーのための栄養の基礎知識は頭に入ったでしょうか？

ＰＡＲＴ１のまとめとして、４人のランナーの食事調査をもとにした栄養診断をご紹介しましょう。

①30代女性ランナー「5kg減量&3時間30分が目標！」
②40代女性ランナー「サブ3《スリー》を目指す本格派」
③40代男性ランナー「サブ3ながら、疲れが気になる」
④50代男性ランナー「ケイレン、スタミナ切れが悩み」

あなたに近いタイプのランナーはいますか？ または、目指したいと思うランナーはいますか？

エネルギーも各栄養素も、真に望ましいとされる量は、性別、年齢、体格、生活環境、運動強度や運動量、季節（シーズン）、目的などに応じて個々に異なります。

ここでは、各栄養素の基礎知識のページでご紹介した「栄養フルコース型」の食事をベースに、ランナーが目指すべき栄養の摂り方ができているかどうかをチェックしました。それぞれのランナーのライフスタイルや目的、レベルなどに合わせてアドバイスしています。

またランナーには、さまざまな練習スタイルがあります。アフターファイブに会社の近くを走る人、帰宅後に自宅の周りを走る人、休日を利用して長めの距離を走る人――。それぞれのランナーに向けた、「練習前、練習後に、どのタイミングで何を食べたらよいのか」というアドバイスは、きっとあなたのランニングライフにも役立つはずです。

あなたの現状の食生活とトレーニングスタイルをふり返り、各ランナーへの食事改善のアドバイスを参考にしてみてください。

30代女性OLランナー　平日の1日のスケジュールと食事

2年以内に3時間30分を切りたい！ 減量してスピードをつけたい！

■性別/年齢　：女性/35歳
■身長/体重　：155cm /54kg
■月間走行距離　：120〜180km(3〜4回/週)
■初フルマラソンタイム　：4時間54分
■フルマラソンベストタイム　：3時間43分
■目標タイム　：2年以内に3時間30分を切りたい
■フルマラソン完走回数　：4回

■体調面で気になるところ
・練習量が増えると膝に違和感が出てくる
・太りやすい⇒5kg体重を減らしたい
・慢性疲労を感じる
・疲れがとれにくい
・ケイレン、足つりを起こしやすい
・ケガをしやすい

時間	スケジュール	内容
7:30	起床	
8:00	朝食	もち　2個 1 納豆　1パック 2 コンソメスープ　1杯
8:45	通勤(電車)	
9:40	出社 社内でデスクワーク	
13:00	昼食(外食)	パスタ(ヤリイカのペペロンチーノ)　1人前 1 2 サラダ　1人前 3 カプチーノ　1杯
15:00	休憩	コーヒー(ブラック)　1杯
18:00	退社 ランニング施設へ移動	ゼリードリンク　1本
19:00	ランニング 皇居2週(10km)+ 往復ジョグ(2km)	アミノ酸系サプリメント　1本(個) プロテイン　2.5杯(17.5g)
20:00	シャワー、着替え	
21:00	移動　夕飯の買い物 帰宅	
22:00	夕食	肉団子　4個 2 納豆　1パック 2 トマトサラダ　1人前 3 豆腐のみそ汁　1人前 2
1:00	就寝	

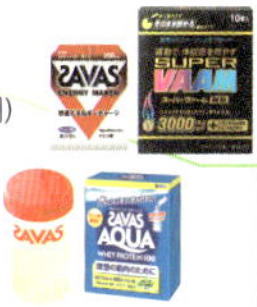

ワンポイントアドバイス

朝
■「栄養フルコース型」の食事
3 野菜 4 果物 5 乳製品が不足➡
●コンソメスープに野菜やハムを加えて具だくさんにする。
●+果物(オレンジ、キウイなど)
●+低脂肪乳

昼
■「栄養フルコース型」の食事
4 果物 5 乳製品が不足➡
●+果汁100%オレンジジュース
●+低脂肪ヨーグルト

練習前に、ゼリードリンクで炭水化物(糖質)補給、アミノ酸系サプリメント摂取、練習後にプロテインを摂取する習慣はGOOD。これからも継続を。

夕
■「栄養フルコース型」の食事
1 主食 4 果物 5 乳製品が不足➡
●+ごはん(茶碗7〜8分目)
ダイエット中でも主食は必ず食べよう！　夜遅い時間に炭水化物(糖質)を食べることを控えたい場合は、練習の前、または走り終わった直後におにぎりなどを食べるようにしよう。
●+果物
●+低脂肪乳

■栄養分析結果
エネルギー：1,796kcal
たんぱく質：78.1g(体重1kgあたりのたんぱく質摂取量：1.4g)
カルシウム：321mg　　鉄：9.5mg
PFCバランス(P：たんぱく質　F：脂質　C：炭水化物)：17%・30%・53%

	朝食	昼食	夕食
1 主食	○	○	×
2 おかず	○	○	○
3 野菜	×	○	○
4 果物	×	×	×
5 乳製品	×	×	×

疲れがとれにくい、ケガや足つりをしやすいのは栄養不足が原因かもしれません。膝への負担を減らすためにもしっかり筋力アップをして走り込めるカラダづくりを目指しましょう。そのためにはたんぱく質やカルシウムの強化が必要です。減量の考え方は「食べないで落とす」ではなく、高たんぱく・低脂肪の食事+練習⇒筋力アップ⇒代謝アップ⇒太りにくいカラダという流れ。ケガがなく、疲労をためずにしっかり走り込めるカラダができてくれば、自然とランナーらしいスリムな体型が手に入るはず。無理なダイエットではなく、毎食、「栄養フルコース型」の食事をベースに食べて楽しく練習しましょう。

40代女性OLランナー　平日の1日のスケジュールと食事

サブ3を目指す本格派ランナー。練習量と食事量のバランスに問題あり！

■性別/年齢　:女性/40歳
■身長/体重　:166cm /49.5kg
■月間走行距離　:300km(5回/週)
■初フルマラソンタイム　:3時間57分
■フルマラソンベストタイム　:3時間3分
■目標タイム　:サブ3(フルマラソンで3時間をきること)
■フルマラソン完走回数　:30回

■体調面で気になるところ
・太りやすい⇒1.5kg絞りたい
・便秘気味
・睡眠不足
・低血圧

時間	スケジュール	内容
5:30	起床 身支度など	
6:15	お弁当づくり	
6:45	朝食	レーズンベーグル　1個 1 ブロッコリー　3房 3 グレープフルーツ　1/2個 4 紅茶　1杯
7:15	通勤(徒歩・電車)	
10:00	出社 社内でデスクワーク	
12:00	昼食	＜お弁当＞ アボカドサンド　1人前 1 3 5 (アボカド1/2個、きゅうり1/2本、トマト1/2個、のり4枚、クリームチーズ) サラダ　1人前 3 (ブロッコリー5房、トマト1/2個、きゅうり1/2本、マヨネーズ) グレープフルーツ　1/2個 4 コーンスープ　1杯 1 5
16:00	おやつ	八ツ橋　2個
17:30	退社	
19:00	ランニング 自宅周辺(13km)+流し ストレッチ	アミノ酸系サプリメント(ランニング前)　1本(個)
20:40	着替え 夕飯支度	
21:20	夕食 くつろぎTime(TV.PC)	パスタ(ミートソース)　1人前 1 2 サラダ　1人前 2 3 (ブロッコリー、卵、トマト、きゅうり、レタス) ワイン　2杯
0:00	就寝	

ワンポイントアドバイス

朝
■「栄養フルコース型」の食事
2 おかず 5 乳製品が不足➡
●ベーグルにスモークサーモンやハム、チーズ、野菜などをサンドすると栄養バランスがグッとアップ。
卵料理を添えて食べるなど朝食には必ずたんぱく質のおかずを摂ろう。

昼
■「栄養フルコース型」の食事
2 おかずが不足➡
●アボカドサンドにエビや卵、鶏肉などをプラス。
●サラダにゆで卵をトッピング。

練習前の炭水化物(糖質)補給として和菓子はベストな食品のひとつ。カルシウム強化に牛乳と一緒に。

練習後にはプロテインを飲んでカラダのメンテナンスを！

夕
■「栄養フルコース型」の食事
4 果物 5 乳製品が不足➡
●メインのおかずを1品プラスして。白身魚のホイル焼きや、サラダに豚しゃぶを加えるなど。油脂の少ない素材や調理法なら、ウエイトコントロールも心配ない。
●+果物
●+低脂肪乳

■栄養分析結果
エネルギー:2,074kcal
たんぱく質:67.9g(体重1kgあたりのたんぱく質摂取量:1.4g)
カルシウム:548mg　鉄:10mg
PFCバランス(P:たんぱく質　F:脂質　C:炭水化物):13%・28%・59%

	朝食	昼食	夕食
1 主食	○	○	○
2 おかず	×	×	○
3 野菜	○	○	○
4 果物	○	○	×
5 乳製品	×	○	×

食事は毎食ご自身で用意されていることもあり、ヘルシーな食事を心がけているようですね。ただし、月間走行距離や練習内容、レベルから考えると、全体的に食事量が少なく、運動をしていないOLさんに必要な栄養素さえも確保できていない状態です。とくに筋肉や血液の材料となるたんぱく質、鉄の不足はケガや貧血を招く恐れもあるため、赤身の肉や魚などを積極的に食べましょう！ 一度にたくさん食べられない場合は、間食や練習後の補食などで不足分をカバーしましょう。

40代男性会社員ランナー　休日の1日のスケジュールと食事

月間400km　サブ3エリートランナー。最近疲れがとれにくい。

■性別/年齢　：男性/42歳
■身長/体重　：182cm /72.5kg
■月間走行距離　：400km(7回/週)
■初フルマラソンタイム　：5時間18分
■フルマラソンベストタイム　：2時間54分
■目標タイム　：2時間45分
■フルマラソン完走回数　：22回

■体調面で気になるところ
・疲れがとれにくい
・立ちくらみをよく起す
・イライラすることがある
・太りやすい
・睡眠不足

時間	スケジュール	内容
8:00	起床	
	朝食	ごはん　1杯 1 生卵　1個 2 納豆　1パック 2 果汁100%オレンジジュース　1杯 4
8:30	外出(皇居へ)	
10:00	25km走 (やや負荷の強めのランニング)	アミノ酸系サプリメント　1本(個) スポーツドリンク　500ml(1本)
12:30	練習終了	プロテイン(14g)
13:30	昼食(外食)	<焼き魚定食> ごはん　1杯 1 ワカメのみそ汁　1杯 3 焼き魚　1人前 2 ツナ野菜サラダ　1人前 3 (ノンオイルドレッシング)
	帰宅	
17:00	間食	食パン(バター付)　1枚 1 清涼飲料水　1本
20:00	夕食	メンチカツ　1個 2 トンカツ(ロースカツ)　1枚 2 鶏肉(ささみ)　1人前 2 納豆　1パック 2 野菜サラダ　2人前 3 (ノンオイルドレッシング) トマト　1/2個 3 ビール　500ml サワー　350ml
0:00	就寝	

ワンポイントアドバイス

朝
■「栄養フルコース型」の食事
3 野菜 5 乳製品が不足➡
栄養バランスをアップさせるには
●+野菜サラダor野菜の煮物or青菜のみそ汁
●+ヨーグルトが欲しいところだが、25km走前なので、不足分は昼食や間食で補給を。

GOOD!
毎日練習するランナーは、走った直後のプロテイン摂取を習慣にしたい。リカバリーを早め翌日も元気に走るうえでの秘訣。

昼
■「栄養フルコース型」の食事
4 果物 5 乳製品が不足➡
●+果汁100%オレンジジュース
●+ヨーグルト
●ごはんを茶碗1杯⇒1.5〜2杯に増
●サイドメニューに納豆、卵、豆腐などたんぱく質のおかずを1品プラス

夕
お酒はごはんの代わりにならないが、間食を利用して夕食前に食パンを食べているところはさすが。ただし練習後の夕食では必ず主食を食べよう。

■「栄養フルコース型」の食事
1 主食 4 果物 5 乳製品が不足➡
●間食の清涼飲料水を、果汁100%ジュース(果物)と、牛乳(ヨーグルト)に変えれば、間食+夕食で「栄養フルコース型」の食事が完成。

■栄養分析結果
エネルギー:3,163kcal
たんぱく質:134.1g(体重1kgあたりのたんぱく質摂取量:1.8g)
カルシウム:433mg　鉄:12.5mg
PFCバランス(P:たんぱく質　F:脂質　C:炭水化物):17%・34%・49%

	朝食	昼食	夕食	間食
1 主食	○	○	×	○
2 おかず	○	○	○	
3 野菜	×	○	○	
4 果物	○	×	×	
5 乳製品	×	×	×	

走行距離や体格から考えると、全体的に食事量が少なく、とくに炭水化物(糖質)が不足しています。炭水化物の不足は、スタミナが落ちる、集中力が低下する、疲労回復が遅れるなど、練習の成果を妨げる原因にも。走行距離が多い日、スピード練習が多い日は、たんぱく質も強化します。肉・魚・卵・大豆製品などのおかずは1.5〜2人前を目安に。疲れがとれにくい、立ちくらみやイライラする、といった悩みは鉄やカルシウム、ビタミンなどの不足が要因のひとつと考えられます。毎食「栄養フルコース型」の食事をベースに量を増やしましょう。

50代男性会社員ランナー　平日の1日のスケジュールと食事

初マラソン以降記録に伸び悩む。30km以降のスタミナ切れ、ケイレンを克服して記録更新を狙いたい！

■性別/年齢　:男性/50歳
■身長/体重　:172cm /58kg
■月間走行距離　:100〜150km(2〜3回/週)
■初フルマラソンタイム　:3時間42分
■フルマラソンベストタイム　:3時間42分
■目標タイム　:3時間30分を切りたい
■フルマラソン完走回数　:4回

■体調面で気になるところ
・レース後半のスタミナ切れ
・ケイレン、足つりを起しやすい
・睡眠不足
・イライラしやすい

時間	スケジュール	内容
6:00	起床	
6:45	朝食	クロワッサン　1個 1 果汁入り野菜ジュース　1杯 3 4 コーヒー(ミルク入り)　1杯
7:15	通勤(電車)	
8:00	出社 社内でデスクワーク	
12:00	昼食(社員食堂)	五穀米ごはん　1杯 1 ワカメのみそ汁　1杯 3 ハンバーグ　1人前 2 野菜サラダ　1人前 3 カップコーヒー(ミルク入り)　1杯
15:00	間食	チョコレート20g
19:00	帰宅	
19:30	ランニング 自宅周辺12km	アミノ酸系サプリメント　1本(個) プロテイン　1杯
20:30	シャワー、入浴	牛乳 5
21:00	夕食	おにぎり　2個 1 肉野菜炒め　1人前 2 3 冷やっこ　1/2丁 2 シジミのみそ汁　1杯 2 ヨーグルト　1個 5
0:00	就寝	牛乳 5

ワンポイントアドバイス

朝
■「栄養フルコース型」の食事
2おかず 5乳製品が不足➡
●パンには卵やハム、ツナ、チーズなどをサンドして朝食からしっかりたんぱく質を。クロワッサンは脂質が多いので、食パン、フランスパン、ベーグル、ビタミン・ミネラルの多い胚芽パンやライ麦パンなどがおすすめ。
●+牛乳またはヨーグルト

昼
■「栄養フルコース型」の食事
4果物 5乳製品が不足➡
●+果汁100%オレンジジュース
●+ヨーグルト

仕事の合間の糖質補給で集中力をキープ！

たんぱく質、カルシウムの強化にランニング直後のプロテイン+牛乳を。冷蔵庫には牛乳を常備しよう。

夕
■「栄養フルコース型」の食事
4果物が不足➡
●食後に季節の果物を！ 果汁100%オレンジジュースを冷蔵庫に常備すれば、こまめなビタミンC補給ができる。

■栄養分析結果
エネルギー:2,184kcal
たんぱく質:81.8g(体重1kgあたりのたんぱく質摂取量:1.4g)
カルシウム:1,009mg　鉄:10.1mg
PFCバランス(P:たんぱく質　F:脂質　C:炭水化物):15%・37%・48%

	朝食	昼食	夕食	間食	夜食
1主食	○	○	○		
2おかず	×	○	○		
3野菜	○	○	○		
4果物	○	×	×		
5乳製品	×	×	○	○	○

レース後半のスタミナ切れやケイレンを克服するためには、レース中の水分・エネルギー補給はもちろんのこと、日々の食生活の見直しも大切です。改善の第一歩は朝食のボリュームアップから。主食とおかずは必ずセットで食べましょう。レバー、赤身の肉や魚、アサリ、カキ、ひじき、ほうれんそうなど鉄分の多い食品を積極的に摂りましょう。足つりやケイレン対策にカルシウム強化も必要です。乳製品、海藻類、色の濃い野菜などを意識して食べるようにしましょう。

PART

02

走力アップのための栄養と食事

ランナーの走力アップのカギとなる、「スタミナ・持久力」と「脚力」。これらを強化するには、効率よい「エネルギーの蓄え方・使い方」「カラダづくりのメカニズム」を理解したうえでの栄養強化が大切です。

脚力・スタミナ強化で走力アップ

ベースは基礎体力

走力アップを実現するためには「走るためのカラダ（基礎体力）」づくりをベースに、「脚力」と「スタミナ」を強化し、レベルアップを図ることが必要です。

基礎体力なしにいきなりレベルの高いトレーニングをしても、効果を得られないばかりか、ケガや故障などにつながりかねません。

基礎体力をつける食べ方としてまず挙げられるのが、エネルギーの補給です。たとえば体重60kgの人が10km走ると約600kcal消費するので、その分を食事で補う必要があります。しかし、単に必要な摂取エネルギーに合わせてたくさん食べればよいわけではありません。そこで意識したいのが、食べる内容、栄養のバランスです。

負荷がかかって壊れた筋肉をリカバリーするための、筋肉の材料になるたんぱく質、骨を強化するためのカルシウムや、貧血にならないための鉄、摂取エネルギーが増えた分の代謝を促すビタミンB_1やB_2、カゼやストレスからカラダを守り、ケガを予防するためのビタミンC。これらをバランスよく、一般の人より多く摂る必要があります。

つまり、走力アップのためにはPART1で紹介した「栄養フルコース型」の食事で、5大栄養素をバランスよく摂取することが必要不可欠なのです。

「走るためのカラダ」をつくるには？

60分または10kmをある程度のペースで走りきれる基礎体力がついたら、「脱・初心者」。いよいよ本格的なマラソントレーニングに移ります。

フルマラソン完走のためには、脚力アップ、スタミナアップを図ることが不可欠になってきます。「基礎体力」「脚力」「スタミナ」がそろって始めて、さらなる走力アップを目指すことができるのです。次ページ以降、そのための栄養戦略をご紹介しましょう。

走力アップのプロセス

初心者ランナー

走るための
カラダづくり
（基礎体力）

↓

フルマラソン完走

脚力アップ・
スタミナアップ

↓

自己ベスト更新

走力アップ!

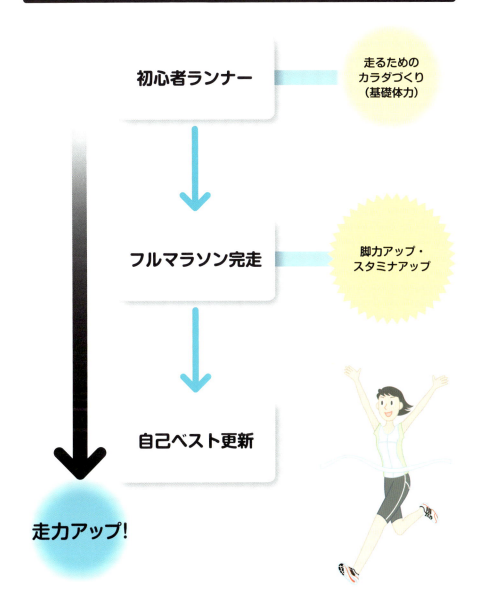

脚力アップのための栄養

カラダは超回復で進化する

基礎体力がついたら、次は「脚力」づくりが必要です。フルマラソンに向けて走る距離を増やしたり、スピード練習に取り組んでいくと、脚を中心に筋肉への負荷が強くなります。運動によって筋肉に一定以上の刺激が加わると、その刺激によって筋線維に傷がつき、筋肉の一部が破壊されます。そして運動をストップした時点で成長ホルモンが分泌され、今度は壊れたカラダを元に戻そうとする働きが始まります。

さて、ここからが重要なのですが、壊れた筋肉を回復させるにはふたつのポイントがあります。ひとつは休養。ランナーのカラダは追い込んだだけで成長することはなく、ハードな練習の間にも適切な休養を取ることが望ましいとされています。レースが近づくとついつい、自分を追い込みたくなってしまうストイックなランナーは要注意です。

もうひとつは栄養です。筋肉の80%はたんぱく質でできています。このため壊れた筋肉の修復には、たんぱく質を積極的に摂ることが重要なポイントとなります。壊れた筋肉はたんぱく質の補給により速やかに修復され、元の筋肉よりもさらに強い筋肉がつくられます。元の状態を超えて回復し、強化される。これを「超回復」といいます。筋力はこの超回復の繰り返しによってレベルアップしていくのです。

また、筋肉の収縮にはカルシウムなどのミネラルも関わり、たんぱく質が筋肉になるときにはビタミンが作用します。筋肉のコンディションを良好にキープするためには、たんぱく質を中心にビタミン、ミネラルも必要です。

翌日も元気に走るには十分な休養と栄養を

ハードなトレーニングを行うと、トレーニング後は疲労状態に陥り、ランニング能力は一時的に低下します。しかし、ここで回復期間を設ければ、トレーニング前の水準を超える超回復が起こり、ひと回りレベルアップすることができます。十分な回復期間を設けずに、再び疲労度の高いトレーニングを行うと、コンディションは低下する一方。翌日も元気にトレーニングを続け、フルマラソンを走りきるための「脚力」をつけるには、十分な休養と栄養を確保することが大切です。

筋肉の80%はたんぱく質からできている

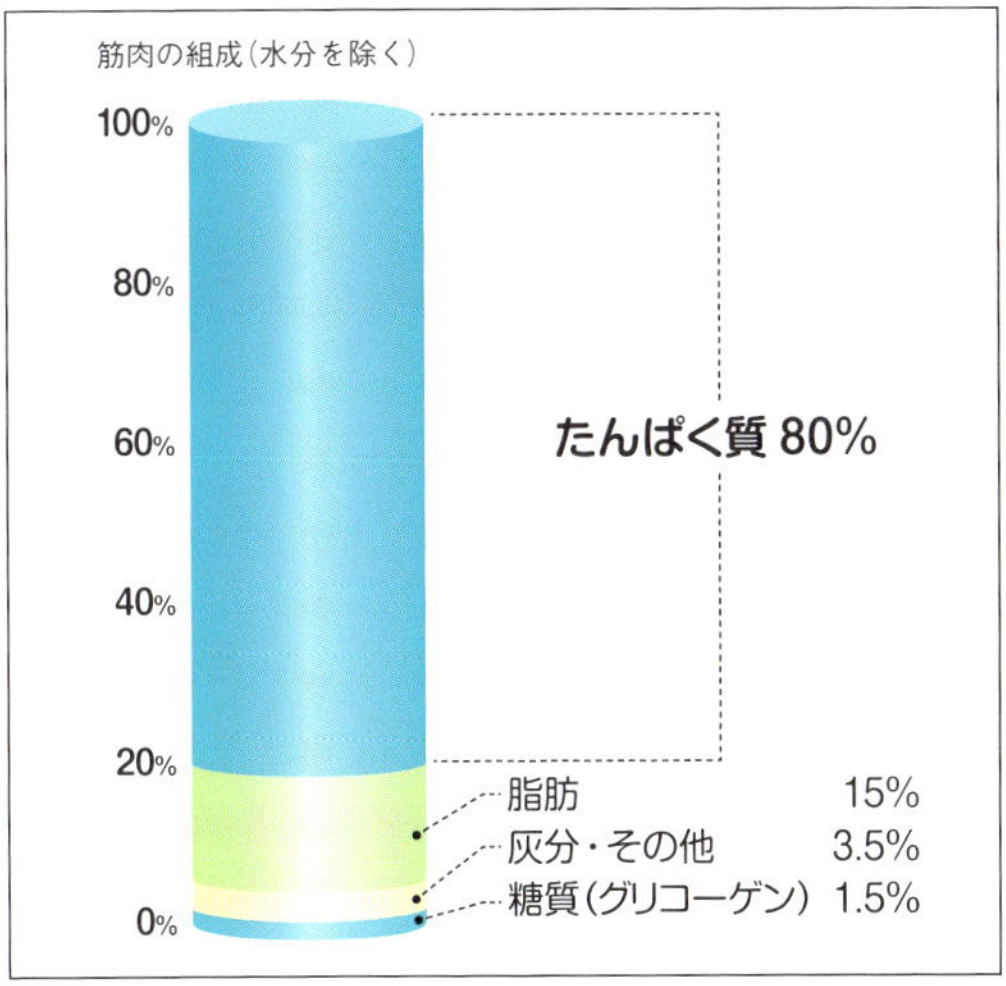

たんぱく質が不足していては、走るためのカラダをつくることはできない。

超回復のメカニズム

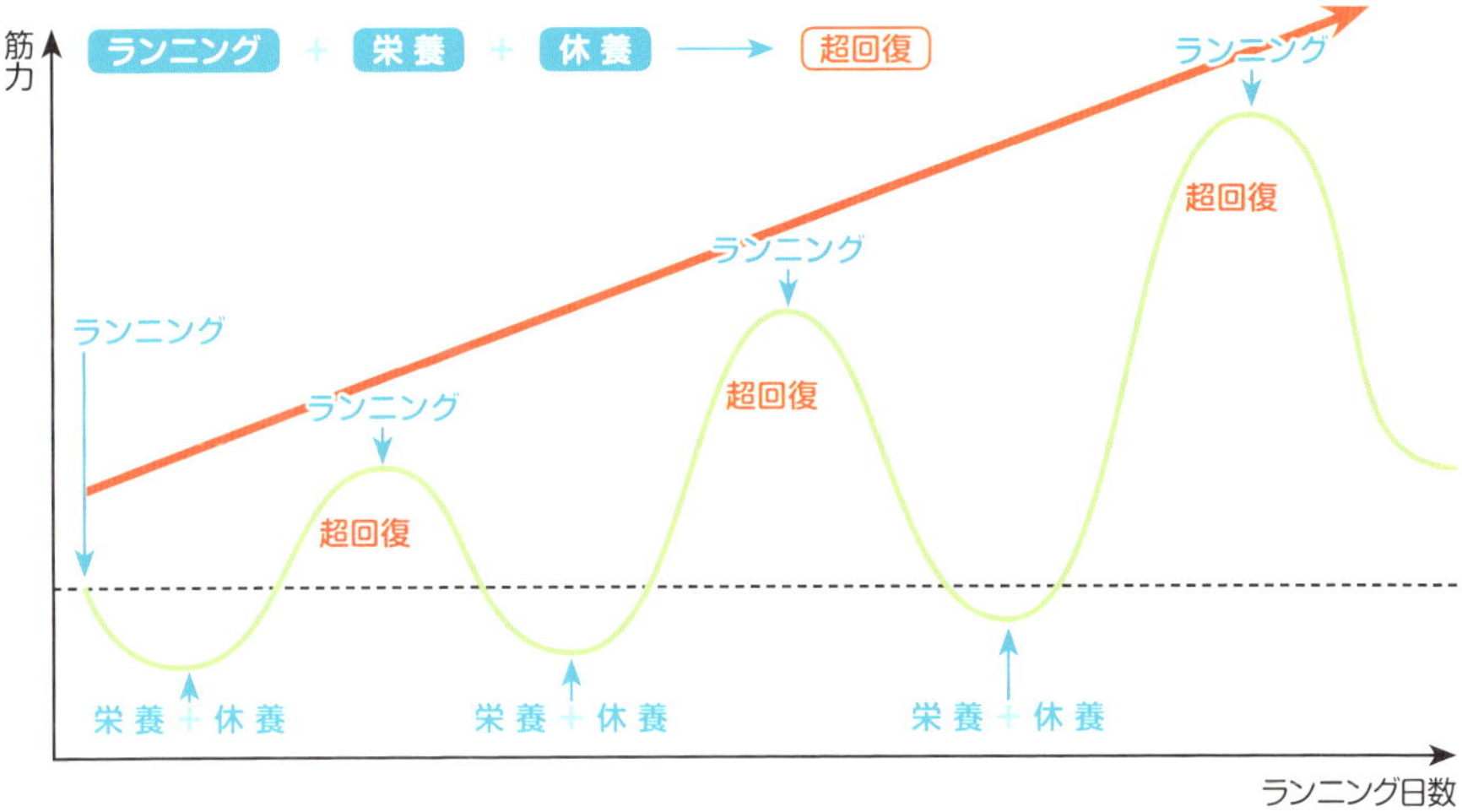

N.Gオゾーリン,A.O.ロマノフほか著,岡本正巳訳「スポーツマン教科書」（講談社）より改変

走った後のカラダ（筋肉）は刺激を受けている。回復を早め、フルマラソンを走るための脚力をつくるには、栄養と休養が必要。

スタミナ・持久力アップのための栄養

エネルギーの蓄え方・使い方

次に、フルマラソンを目指すランナーにとって必要不可欠なスタミナ・持久力について考えていきます。基礎体力と脚力がアップしてくれれば、自然と以前よりも長く速く走れるようになりますが、筋力アップのメカニズムと同じように、トレーニングだけでは限界があります。スタミナ・持久力アップを図るには「エネルギーの蓄え方と使い方」がカギとなり、そのスキルとしては次のような栄養戦略があります。

十分な炭水化物（糖質）摂取で筋グリコーゲン量を増やす

運動時のエネルギーがどのようにつくられるかは、PART1（18ページ）で解説しました。走るためのエネルギー源は「ATP」であり、その材料となるのが糖質と脂質です。糖質は体内に「グリコーゲン」という形で蓄えられています。長距離ドライブ時にはガソリンを満タンにして出かけるように、長い距離を走るときも途中でガス欠しないよう、十分にグリコーゲン量を増やしておくことがスタミナ・持久力アップにつながります。PART3で詳しく説明しますが、レース前にグリコーゲンの材料となるごはんやパン、うどん、パスタといった炭水化物（糖質）を多く含む食品をしっかり食べることは栄養戦略のひとつです。

また、レベルアップを図るランナーにとっては、レース前に限らず日々のトレーニングにおいても、グリコーゲンの回復に努めることが重要です。運動後の栄養摂取のタイミングが遅れると十分な回復が得られないばかりでなく、筋肉を分解して糖エネルギーをつくる「糖新生」が起きてしまいます。これを防ぐには、運動後なるべく早いタイミングでの炭水化物（糖質）の補給が必要になります。

さらに、グリコーゲンなどをATPに変え、エネルギーにするためには、ビタミンB_1やB_2もより多く必要になります。

脂肪を有効に使って筋グリコーゲンを節約する

エネルギーを蓄えて走っても、フルマラソンのような長時間エネルギーを使い続ける運動では、グリコーゲンの消費も激しく、枯渇状態になることがあります。

そこでもうひとつのエネルギー源である脂質、つまり体脂肪をエネルギーとして使うことができれば、グリコーゲンの節約になり、結果的にスタミナの維持につながります。しかし、どんなに体脂肪を蓄えていても、脂肪をエネルギーとして有効に使うには、脂肪をエネルギーに換える能力を高めることが求められます。長い距離をゆっくり走るトレーニングで脂肪を優先して使う、あるいは、脂肪の代謝を活性化する栄養成分を活用するなどの栄養戦略も有効です。

ちなみに、体脂肪については、体内に蓄えられている量がグリコーゲンよりもはるかに多いので、意識して食事から脂質を摂取する必要はありません。反対に、脂質を減らしすぎるのも問題で、摂取エネルギーに応じてバランスよく摂ることが大切です。

酸素を運ぶヘモグロビンの材料鉄とたんぱく質の強化

有酸素運動の本質は、酸素を使ってどれだけ持久力に換えることができるかということです。つまり、体内に酸素を取り込む能力(最大酸素摂取量)を高めていく必要があり、そのためには走り込みなどのトレーニングが基本になります。そしてもうひとつ大事なことは、体内に取り込んだ酸素を全身に運搬する能力であり、この役割を担っているのが、ヘモグロビンという血液中の成分です。ヘモグロビンは鉄とたんぱく質からできているので、鉄とたんぱく質の強化が、スタミナ・持久力アップを図るための栄養戦略となります。

ほかにも、吸収率が低い鉄の吸収を促進するビタミンCや、長時間の筋収縮に関わるカルシウムなど、一見スタミナ・持久力とは関係なさそうな栄養素も、実はマラソンの走力アップに関わるため、強化が必要です。

脚力アップのカギを握るたんぱく質

毎日の食卓で栄養戦略を実践！

ここからは「脚力アップ」のための栄養戦略を、日々の食卓レベルで具体的に説明していきます。まずは、走力アップのカギを握る筋肉の材料、たんぱく質の賢い摂取方法を紹介しましょう。

毎食のおかずは1〜2人前を目安に食べる

「1日3食、たんぱく質のおかずを用意するのが難しい」という人は多いようです。夕食にまとめて1日分を摂ればいいと思うかもしれませんが、たんぱく質を一度に吸収できる量には限界があります。また食事によって筋肉が合成されるサイクルを考えると、朝、昼、晩3回に分けて食べるのが理想的です。どうしてもそれができなかったり、1回の食事で必要な量が摂りきれない人は、間食などで補うのもひとつの手です。

PART1でも触れましたが、1日に必要なたんぱく質の量は一般人の場合、体重1kgあたり約1g（体重60kgの人であれば1日に60g）。スポーツ選手なら体重1kgあたり2gがひとつの目安です。ランナーであれば、体重1kgあたり1〜2gを目安とし、体重や体調、練習量などによって摂取量をコントロールしていきましょう。日頃からしっかり走り込んでいるランナーは体重1kgあたり2gが目安です。体重60kgなら1日あたり120g、1食あたり40gとなります。

食事のスタイルは、1主食2おかず3野菜4果物5乳製品をそろえた「栄養フルコース型」の食事をベースにし、たんぱく質を多く含む2のおかずを毎食1〜2品取り入れます。

外食の場合はなるべく定食スタイルのメニューを選ぶことがポイント。一般的な定食メニューで摂れるたんぱく質は、1人前で約20gなので、不足分はサイドメニューを追加して必要なたんぱく質を確保しましょう。

効率のよいたんぱく質の摂り方

動物性と植物性は何が違う?

たんぱく質を多く含む食品は、肉、魚、卵、乳製品などの「動物性たんぱく質」と、納豆や豆腐などの「植物性たんぱく質」のふたつに分類できます。

動物性たんぱく質の特徴は、なんといっても体内で利用しやすいということ。これらの食品から摂取したたんぱく質のうち、およそ9割が体内で利用されます。その反面、生活習慣病などの原因となる飽和脂肪酸やコレステロールが多く含まれていることもまた事実。余分な体脂肪を増やしたくないランナーは、同じ動物性たんぱく質食材でも、脂質の少ない部位を選ぶことが重要です。

一方の植物性たんぱく質は、動物性たんぱく質に比べると体内で使用される率がやや低いことが特徴。食物繊維などが含まれており、消化されにくいのがその理由です。ただし、こちらは飽和脂肪酸が少なくコレステロールが含まれていないので、カラダを絞りたいときには頼りになるたんぱく質源です。ちなみに、植物性たんぱく質は大豆製品だけでなく、ごはんやパンなどの穀類にも含まれています。

「どちらもバランスよく」が大切

体内での利用効率が高いから肉や卵だけ、太りたくないから大豆製品だけ食べていればよいかといえば、そんなことはありません。動物性食品と植物性食品を組み合わせて食べることが大切です。

脂質の少ない鶏肉以外は食べない人や、あるいはたんぱく質豊富な牛肉だけ摂るという人がいますが、このような食べ方はよくありません。単一の食品だけでたんぱく質を補給しようとすると、栄養のバランスがどうしても偏ってしまいます。

それぞれの食品の特徴を理解して、ひとつの食品に偏ることなく、いろいろな食品をバランスよく食べることが大切です。

たんぱく質を多く含む食品

高たんぱく・低脂肪の食事を心がける

たんぱく質を多く含む食品は、脂質も多いという特徴があります。余分な体脂肪を増やさないために、食材や調理法に気を配り、高たんぱく・低脂肪の食事をベースにしましょう。

●牛肉

良質なたんぱく質として、カラダづくり（とくに筋肉や血液）、免疫力の向上に欠かせない食品です。とくに赤身肉には吸収率の高い「ヘム鉄」が多いため、ランナーの大敵である鉄欠乏性貧血の予防に役立ちます。

おすすめは、もも肉やヒレ肉など低脂肪の部位。サーロインやロース、バラ肉などは高脂肪なので、食べすぎに注意しましょう。すね肉はコラーゲンが多いため、骨、腱、靭帯などの強化に有効です。

●豚肉

良質なたんぱく質と、エネルギー代謝に欠かせないビタミンB_1を豊富に含み、スタミナアップや疲労回復に最適です。おすすめは低脂肪のもも肉、ヒレ肉。ロース、バラ肉は高脂肪なので控えめに。ひき肉を選ぶときは、ももなどの赤身肉を選びましょう。豚のしょうが焼きやガーリックソテー、豚キムチ炒めなど、ねぎやにんにくなどと一緒に調理すると、豚肉に豊富なビタミンB_1の吸収率がアップします。

また、豚のレバーは牛や鶏に比べてもっとも鉄やビタミンAが豊富。しかもほかの肉と比べて脂肪が少ないというメリットも。加工食品では脂の多いベーコンなどより、脂肪の少ないボンレスハムがおすすめです。

●鶏肉

皮以外はどの部位も低脂肪です。とくに脂肪が少ないのがささみやムネ肉。ムネ肉はやわらかく食べやすいので、ゆでて蒸し鶏など、油を抑えた調理法でもおいしく食べられます。鶏レバーは鉄、ビタミンA、B群が豊富。コラーゲンを含む手羽先はケガの予防に役立ちます。

牛肉のたんぱく質と脂質の目安（可食部100g中）

低脂肪 → 高脂肪

	たんぱく質	脂質
牛ヒレ肉	21.3g	9.8g
牛もも肉	20.5g	9.9g
ローストビーフ	21.7g	11.7g
牛肩ロース	16.2g	26.4g
サーロイン	16.5g	27.9g
牛バラ肉	12.5g	42.6g

- 良質なたんぱく質がカラダづくりに役立つ
- 鉄が多く、貧血予防に役立つ
- もも肉やヒレ肉などの低脂肪部位がおすすめ
- すね肉はコラーゲンが多く、骨、腱、靭帯の強化に

豚肉のたんぱく質と脂質の目安（可食部100g中）

低脂肪 → 高脂肪

	たんぱく質	脂質
豚ヒレ肉	22.8g	1.9g
豚レバー	20.4g	3.4g
豚もも肉(赤身)	21.5g	6.0g
豚ひき肉	18.6g	15.1g
豚ロース	19.3g	19.2g
豚バラ肉	14.2g	34.6g

- たんぱく質とビタミンB_1が疲労回復・スタミナアップに
- もも肉、ヒレ肉などの低脂肪部位がおすすめ
- レバーはビタミンAや鉄がとくに豊富

鶏肉のたんぱく質と脂質の目安（可食部100g中）

低脂肪 → 高脂肪

	たんぱく質	脂質
鶏ささみ	23.0g	0.8g
鶏ムネ肉	22.3g	1.5g
鶏レバー	18.9g	3.1g
鶏もも肉(皮なし)	18.8g	3.9g
鶏もも肉(皮あり)	16.2g	14.0g
鶏手羽肉	17.5g	14.6g

- ささみやムネ肉などの低脂肪部位がおすすめ
- 手羽先はコラーゲン豊富で、ケガ予防にも

参考：日本食品標準成分表2010年版

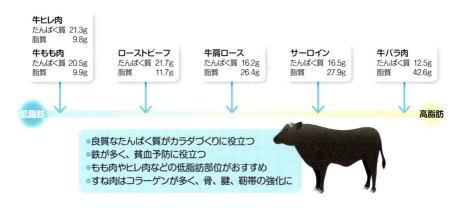

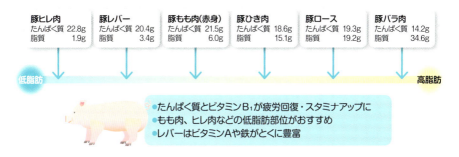

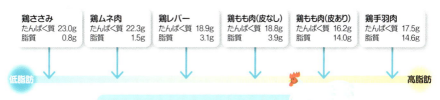

●魚介類

肉類の脂肪がコレステロール増加の原因にもなる飽和脂肪酸なのに対して、魚の脂肪は不飽和脂肪酸。融点が高く常温で固まった状態なのが飽和脂肪酸。これに対して融点が低く、常温で液体の状態なのが不飽和脂肪酸の特徴です。

とくにサンマやブリ、イワシ、サバなど青魚に多く含まれている不飽和脂肪酸は、動脈硬化や脳血栓の予防、コレステロールの低下作用などで注目されています。

脂肪が少なく低カロリーなのはタイやタラ、ヒラメ、スズキなどの白身魚。マグロやカツオなどの赤身魚は高たんぱく・低脂肪で鉄が豊富です。ただしマグロのトロは脂肪が多いので注意しましょう。

イカ、タコ、エビ、貝類などは全般的に脂肪が少なく、なかでもアサリ、シジミ、カキなどの貝類は鉄が多いのが特徴。シシャモ、ワカサギ、ちりめんじゃこなど骨までまるごと食べられるものは、カルシウムの補給に最適です。

●卵

良質なたんぱく質、ビタミン、ミネラルなど必要な栄

卵

- 卵はほとんどの栄養素を含む。唯一足りないビタミンCと一緒に摂るとよい

魚介類

- サンマやブリなど青魚の不飽和脂肪酸は、コレステロールの低下に役立つ
- タラ、ヒラメなどの白身魚や、イカ、タコ、エビは低脂肪・低カロリー
- シシャモ、ワカサギ、ちりめんじゃこ、桜エビなど骨ごと食べられるものはカルシウム補給に最適
- アサリ、シジミなどの貝類は鉄が多く貧血予防に

養素のほとんどを含む栄養価の高い食品。またの名を〝完全食品〟というのは、この栄養価の高さが所以《ゆえん》です。唯一足りないのはビタミンCなので、ビタミンCを含む野菜や果物などと一緒に食べましょう。また、卵白にはほとんど脂肪が含まれていません。

コレステロールが多いのを気にする人もいますが、卵には体内のコレステロールの蓄積をコントロールする成分（レシチン）が含まれています。医師から禁止されていない限りはしっかり食べることをおすすめします。

●牛乳・乳製品

牛乳などの乳製品からは、たんぱく質と一緒にカルシウムが摂れます。脂質が気になるなら、牛乳やヨーグルトは低脂肪タイプのものを選びましょう。生クリームやチーズは脂肪分が高いので食べすぎに注意が必要です。

●大豆・豆腐などの大豆製品

大豆は植物性たんぱく質の代表的食品。大豆たんぱくには、コレステロールを低下させる働きやダイエット効果があります。加工品の納豆にはビタミンB_2が、生揚げや油揚げなどにはカルシウムが多く含まれます。

大豆・大豆製品

- 植物性のたんぱく質が豊富
- 大豆たんぱくにはコレステロールを下げる働きや、ダイエット効果もある

牛乳・乳製品

- 牛乳・ヨーグルトはたんぱく質・カルシウムが手軽に摂れる。脂質が気になる場合は低脂肪乳を

プロテインを有効に活用する

プロテインは高たんぱく・低脂肪食品

ふだんの食事が栄養摂取の基本であることはいうまでもありませんが、忙しい毎日のなかで、理想的な食事をそろえることは難しいかもしれません。時間のない朝、仕事の合間の慌ただしいランチでは、紹介した必要な量のたんぱく質を摂れないこともあるでしょう。

ここまで、たんぱく質を多く含む食品を紹介してきましたが、たんぱく質を効率的に摂る方法はもうひとつあります。サプリメントとして普及している「プロテイン」です。

手軽にさっと補給でき、脂質をほとんど含まないという特徴もあります。

無駄な体脂肪を増やさずに必要な筋肉をつけたい、そんなランナーの味方がプロテインです。

たんぱく質を多く含む食品と脂質の量

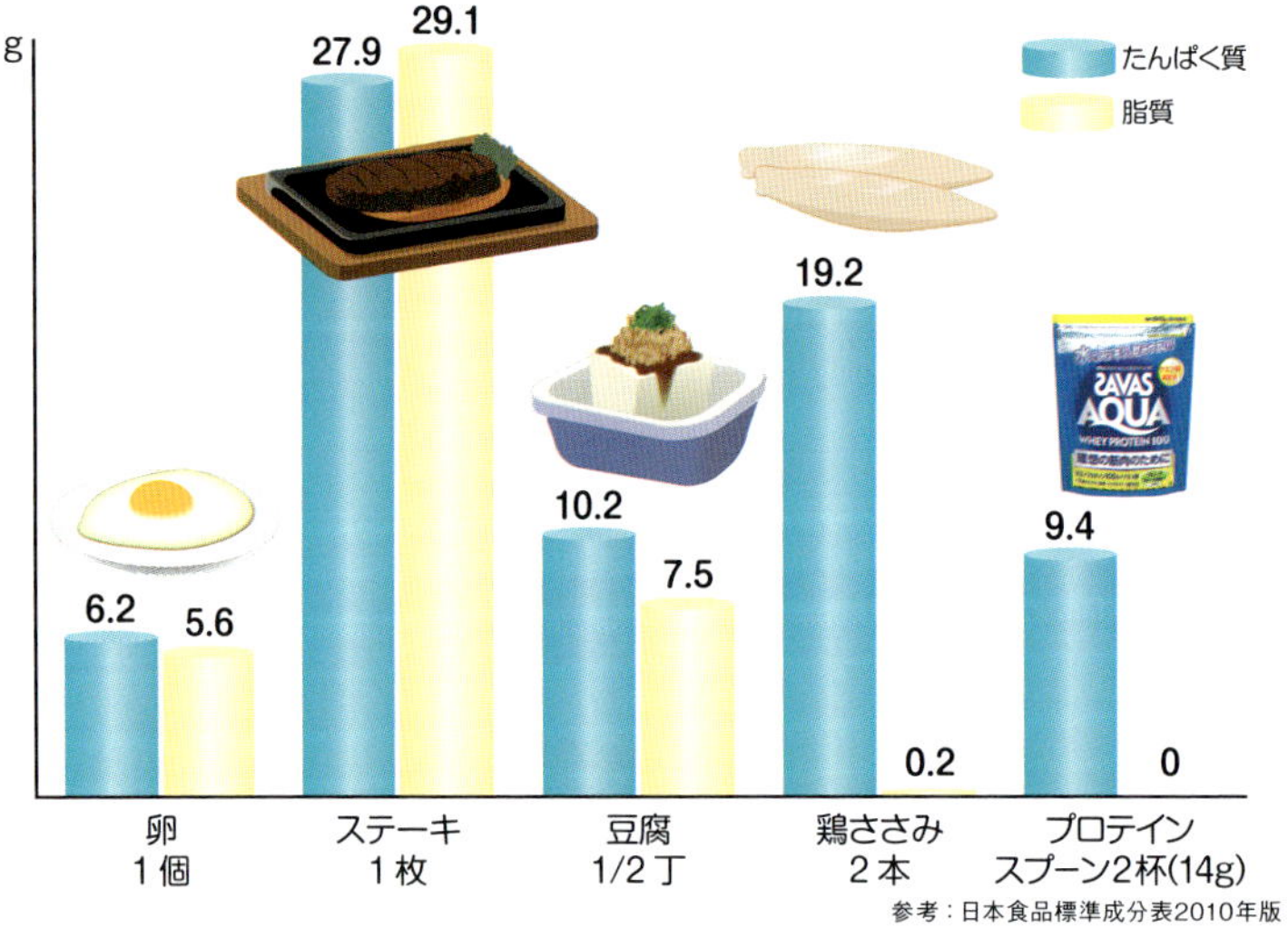

必要なたんぱく質を効率よく摂るにはプロテインが有効。

Let's RUN!

プロテインで理想のカラダづくり

走りに適した筋力を手に入れる

「プロテイン」というと、飲むだけで筋肉がムキムキのマッチョなカラダになる――そんなイメージをお持ちの方もいるでしょう。

確かに、プロテインはボディービルダーがたんぱく質を効率よく摂るためのサプリメントとして活用されています。しかし、あのような筋骨隆々の肉体美を手に入れるには、非常に負荷の高い筋力トレーニングに取り組み続ける必要があります。プロテインを飲むだけでは決して筋肉はつかないのです。

もちろん、ランナーにはそのような筋トレは必要ありません。ランナーがプロテインを飲む目的は、マッチョになるためではなく、走るのに適した筋肉をつけるためと考えたほうがよいでしょう。プロテインを飲むことでしなやかな筋肉がつき、基礎代謝が高まって脂肪がつきにくい体質になります。その結果、ウエイトコントロールもしやすくなるでしょう。

プロテインの主成分は牛乳や大豆のたんぱく質です。そして、たんぱく質を豊富に含む食品（肉・魚・卵・大豆・牛乳）と比べて脂肪をほとんど含まないのが大きな特徴です。

また、ひと言でプロテインといってもさまざまな製品があり、たんぱく質以外に含まれている助成分にも注目したいところです。カラダづくりやエネルギー代謝に関わるビタミンやミネラルが含まれているプロテインもあるので、ランナーにはこちらのタイプがおすすめです。

ランニング（運動）でカラダに適度な負荷をかけ、バランスのよい食事（栄養）を摂り、十分な睡眠（休養）をとる。そこにプロテイン摂取の習慣をうまくプラスすれば、男女問わず「理想的なカラダ＝引き締まったシャープなボディ」と、「走りに適した筋力アップ」が期待でき、本格的なマラソントレーニングに取り込むことができるはずです。

プロテインの効率のよい摂取方法

どれくらい摂ればいいの?

たんぱく質は一度に大量に摂ったところで、すべてをカラダづくりの材料にできるわけではありません。あまった分は尿と一緒に排出されるか、体脂肪としてカラダに蓄積されてしまいます。

また、たんぱく質を持続的に過剰に摂りすぎるとたんぱく質の過剰量は脂肪に変わるので、筋肉の量を増やして太りにくいカラダをつくるつもりが、逆に脂肪を増やしてしまうことにもなりかねません。

とくにプロテインは食品に比べて手軽に補給できるだけに、適量の摂取を心がけることが重要です。1回に飲む量は、たんぱく質として10～20gが目安です。トレーニングの頻度や強度が高く、必要量が多い場合は、1回にたくさん飲むのではなく1日数回に分けて適量を摂取するなど、摂取回数を調整するようにしましょう。

何に溶かして飲めばいいの?

プロテインには水に溶かすタイプや、牛乳に溶かすタイプ、何に溶かしてもおいしく飲めるテイストフリータイプなどいろいろな種類があります。目的や環境に応じて自分に合ったものを選びましょう。

水に溶かすタイプやテイストフリータイプは、クリアな風味でプロテイン独特の味や香りを感じさせないのが特徴。走った直後、食べ物がなかなかのどを通らないときでも飲みやすいでしょう。糖質を同時に補給するという意味では、スポーツドリンクに溶かして飲むのもおすすめです。

牛乳に溶かすタイプのプロテインを利用する場合は、低脂肪乳で溶かすのがベター。低脂肪・高たんぱく食品というプロテインの特性が生かせます。牛乳に含まれるたんぱく質、カルシウムもプラスされて栄養バランスもグンとアップします。

ランナーに最適なプロテインは？

現在のところ、プロテインの主流は、次の2種類。牛乳のたんぱく質を主原料とした「ホエイプロテイン」と、大豆を主原料とした「大豆（ソイ）プロテイン」です。

ホエイプロテインには、BCAA（分岐鎖アミノ酸）やグルタミンという筋肉づくりに役立つアミノ酸が多く含まれています。消化吸収率が高く筋肉に取り込みやすいので、ケガをしにくい強い筋肉をつけたいランナーに向いています。

また、ホエイプロテインは大豆プロテインに比べて液体に溶けやすく、味も飲みやすいのが特徴のひとつ。プロテイン初心者にはこのホエイタイプが継続しやすいでしょう。

大豆プロテインには、コレステロールを下げる働きや体脂肪をつきにくくする効果が期待できます。引き締まったカラダづくりを目指すランナーにとっては格好のプロテインといえます。目的のレベルによってふたつのプロテインを賢く使い分けていきましょう。

目的に合わせて最適なプロテインを選ぼう

大豆（ソイ）プロテイン

脂肪をためない、より引き締まったカラダづくりを目指すランナーに

大豆（ソイ）プロテインの特徴

- 必須アミノ酸をバランスよく含み栄養価の高い大豆を原材料にした植物性たんぱく質。
- 血中コレステロール値や中性脂肪の低下に役立つ。
- 運動と併用することで基礎代謝を上げ、脂肪燃焼系を上げることで体脂肪の減少が期待できる。

ホエイプロテイン

リカバリーを早め、ケガをしにくく、走るための強いカラダづくりを目指すランナーに

ホエイプロテインの特徴

- 乳清（にゅうせい）たんぱく質と呼ばれ、ヨーグルトの透明な上澄み液などに含まれるたんぱく質。乳たんぱくの約20%と貴重で栄養価が豊富。
- たんぱく質のなかでも使用効率が高く、BCAA（分岐鎖アミノ酸：バリン、ロイシン、イソロイシン）を多く含む。速やかな吸収・取り込みが狙え、免疫機能を高めるなどの特徴がある。

目的別にプロテインを活用する

目的別の摂取タイミング

プロテインは薬ではなく食品ですから、基本的にいつ摂っても問題はありません。しかし、より効果的に活用するためには、目的別に最適なタイミングがあります。

たとえば、ランナーがカラダづくりと運動後の回復のために摂取するのであれば、ベストタイミングは〝運動直後〟と〝就寝前〟です。

①走った直後30分以内

運動の直後は、ダメージを受けた筋肉の修復のために成長ホルモンの分泌が盛んになり、筋肉の合成システムが働きます。カラダがたんぱく質を必要としているときなので、できれば「ゴールデンタイム」といわれる運動後30分以内に摂取し、筋肉の材料をしっかり補給するのが望ましいでしょう。

②就寝1時間前

また、寝る1時間前に摂るのも有効です。人は就寝後1～2時間すると、ノンレム睡眠という深い睡眠状態に入ります。ノンレム睡眠はひと晩のうちに定期的に訪れますが、健康な睡眠リズムであれば、ひと晩の睡眠のなかでもっとも深いノンレム睡眠が、就寝の1～2時間後。このとき成長ホルモンの分泌も盛んになります。吸収時間を逆算すると、就寝1時間前がプロテインを摂るベストタイミングというわけです。

成長ホルモンは規則正しい生活によって正常に分泌されます。夜10時～深夜2時くらいまでがもっとも分泌しやすい時間帯といわれるため、夜更かしや不規則な生活は走るためのカラダづくりにはマイナスです。体調管理のためにも、睡眠時間を大事にしましょう。

③食事でたんぱく質が不足しているとき

バランスのよい食事の組み立てに自信がないので、ふだんの食事にプロテインを摂り入れたい、という場合には、食後に補給してもOKです。1日3食のうち、とくに朝食はたんぱく質が不足しやすいので、朝食後にプロテインを摂取するのはおすすめです。

④ダイエット目的なら夕食30分前

ダイエットやウエイトコントロールの目的でプロテインを活用したいという場合は、食事の30分くらい前に低脂肪乳（または無脂肪乳）で飲むことをおすすめします。食前に飲むことで脳の満腹中枢が刺激され、その後の食事量をコントロールしやすくなります。

継続して摂取することが大切

プロテインを飲むとどれくらいで効果が現れるのか、気になる人もいるでしょう。当然のことですが、プロテインを飲んで一朝一夕で効果が実感できるわけではありません。体格や食生活、トレーニングによって個人差があるので、3週間ほどで変化がある人もいれば、3ヶ月以上かかる人もいるでしょう。ですから一概にどれくらいとはいえません。

筋力アップにしろ、スタミナ・持久力アップにしろ、カラダの変化を実感するにはある程度の時間がかかるものです。最低でも3ヶ月間くらいは、継続してプロテインを摂取することをおすすめします。

プロテインの摂取タイミング

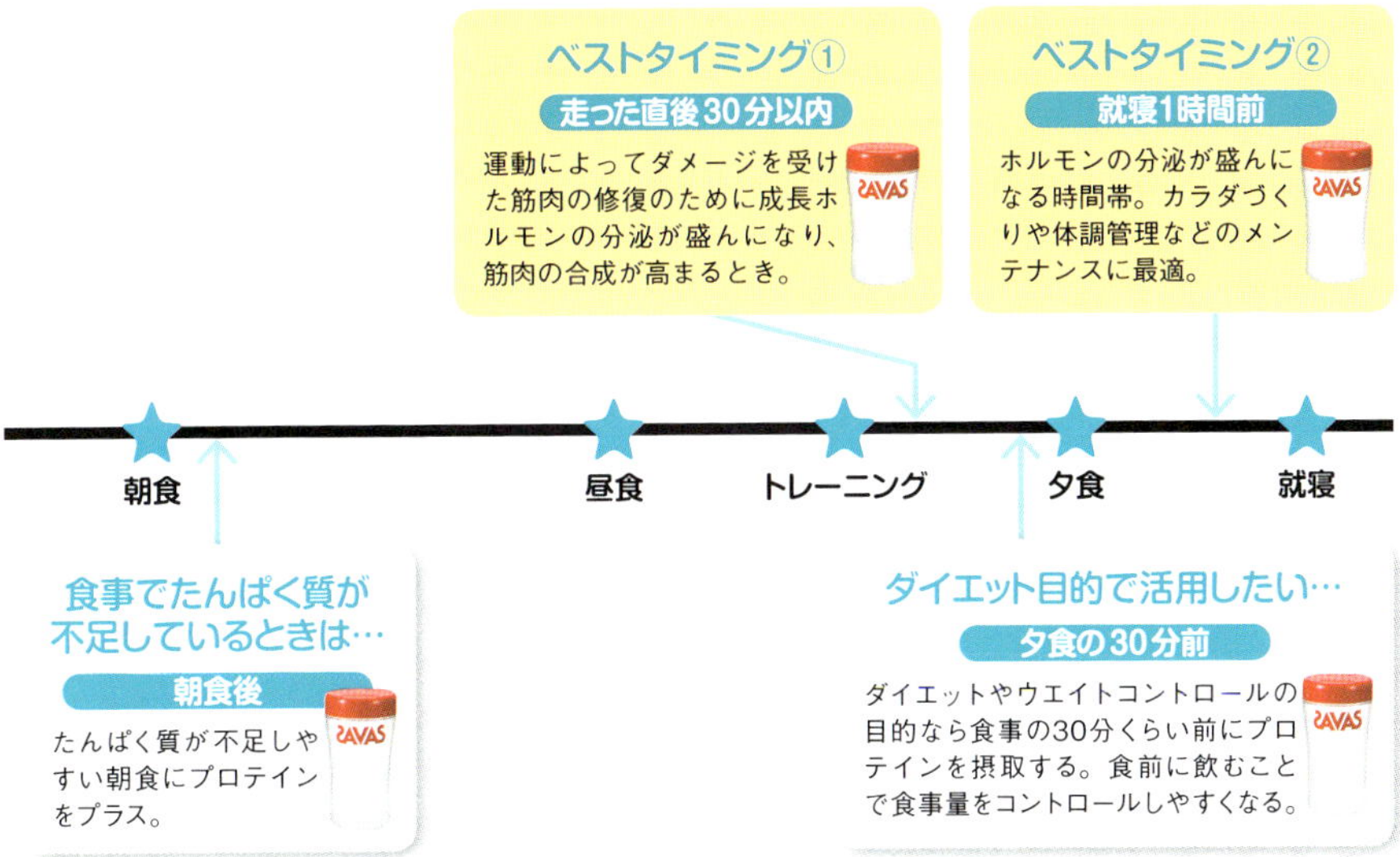
ベストタイミング①
走った直後30分以内
運動によってダメージを受けた筋肉の修復のために成長ホルモンの分泌が盛んになり、筋肉の合成が高まるとき。
ベストタイミング②
就寝1時間前
ホルモンの分泌が盛んになる時間帯。カラダづくりや体調管理などのメンテナンスに最適。
朝食
昼食
トレーニング
夕食
就寝
食事でたんぱく質が不足しているときは…
朝食後
たんぱく質が不足しやすい朝食にプロテインをプラス。
ダイエット目的で活用したい…
夕食の30分前
ダイエットやウエイトコントロールの目的なら食事の30分くらい前にプロテインを摂取する。食前に飲むことで食事量をコントロールしやすくなる。

プロテインとアミノ酸の違いは？

どう使い分けたらいいの？

　ランナーに馴染みのあるもうひとつのサプリメントに、アミノ酸があります。たんぱく質はアミノ酸が数多くつながってできているため、広い意味での分類上はアミノ酸も"たんぱく質"ということになります。一方プロテインは、牛乳や大豆など食品のたんぱく質から脂質などを取り除いて、たんぱく質の純度を高めたサプリメントです。

　プロテインがカラダづくりなどを目的に利用されるのに対し、アミノ酸は運動時の疲労軽減・競技力向上など、即効的な作用を求めて利用されています。それは、吸収速度の違いに理由があります。

　たんぱく質を口から摂取すると、胃を通って消化・分解され、小腸で吸収されます。その間、たんぱく質は体内酵素の働きなどでアミノ酸の結合が切れて、ペプチドというアミノ酸が複数つながった状態まで分解され小さくなっていきます。アミノ酸が2～3分子つながったペプチドの状態で、あるいはさらにアミノ酸まで分解された後、小腸から体内に吸収され、最終的には最小単位であるアミノ酸になり、血液によって筋肉などへ運ばれていきます。

　消化吸収にかかる必要な時間は食品によって違いがあり、肉などの脂質が多いものは、胃や小腸で時間をかけて消化吸収されます。プロテインは脂質が除去されているので、一般的な食品たんぱく質よりは吸収が速くなります。さらにアミノ酸は最小単位になっているため、より速く吸収されます。吸収速度は、速い順にアミノ酸→プロテイン→食品たんぱく質となります。

「では、ふだんからサプリメントのアミノ酸でたんぱく質を摂ったほうが胃腸への負担も少なく、効率がいいのでは？」と思う人もいるかもしれません。しかし、カラダを構成する20種類のアミノ酸の必要量をバランスよく摂取するのは難しく、コストもかかります。

　日常的なたんぱく質の補給は食品やプロテインで行い、

アミノ酸は運動時のパフォーマンスアップを目的にして使い分けるとよいでしょう。

目的に合わせたアミノ酸を

最近は、特定のアミノ酸だけを摂取し、体内量を一時的に上昇させて競技力向上を狙う「エルゴジェニック」という栄養戦略があります。メジャーなところでは①総合型アミノ酸、②BCAA(分岐鎖アミノ酸)、③グルタミン、④ペプチドがあります。

これらのアミノ酸は、理論・研究が進みつつありますが、同時に「体感」があることもスポーツの現場で個々人の感想として挙げられています。今後スポーツ栄養学でさらに研究が進めば、有効な栄養戦略になることが期待されます。ただし、エルゴジェニックは効果・体感に個人差があるといわれています。いきなりレース本番で使わず、まずは日常のトレーニング中に試してみることをおすすめします。また、人によっては特定のアミノ酸を短期間にたくさん摂取すると、腹部の違和感、場合によっては下痢などを起こします。一度に摂取する量は5〜7gまでにしておいたほうがよいでしょう。

主なアミノ酸

種類	特徴
総合型アミノ酸	アミノ酸を混合したサプリメント。必須アミノ酸をブレンドした商品や、特定の効果を期待した配合で開発されたものなど、目的も形態もさまざま。運動前なら疲労の軽減や体脂肪燃焼が期待でき、運動後ならリカバリーを早める効果が期待できるなど、目的に応じて摂取タイミングが異なる。
BCAA (分岐鎖アミノ酸)	必須アミノ酸のなかでもバリン・ロイシン・イソロイシンの3つを総称してBCAAという。筋肉でエネルギーとして代謝されるので、激しいトレーニングや長時間の運動の際に筋疲労を軽減する。脳に作用し疲労感を抑制するという報告があり、運動前や運動中に顆粒やドリンクで摂取するシーンを多く見かける。
グルタミン	生体内に遊離の形でもっとも多く含まれるアミノ酸。免疫力などに関係があり、運動後の一時的な免疫力低下時に摂取すると効果的だと報告されている。
ペプチド	ペプチドとは、たんぱく質が体内の酵素で分解される過程で、アミノ酸の結合が切れて小さくなったもの。なかでもアミノ酸が2〜3個つながったペプチドは摂取してからの消化吸収がプロテインより速い。サプリメントとして運動前後に摂取すると、筋疲労の軽減、リカバリーの促進など、パフォーマンスアップが期待できる。

食事で鉄分を強化する

ランナーは鉄分強化を意識しよう

次に、「スタミナ・持久力アップ」や貧血予防に欠かせない鉄の摂り方について具体的に説明しましょう。

食品の鉄には、レバーや赤身の肉、魚などの動物性食品に多い「ヘム鉄」と、ひじきやほうれんそうなど植物性食品に多い「非ヘム鉄」の2種類があります。これらの鉄分の吸収率には幅がありますが、一般的には10％程度と非常に低いのが特徴です。

また、鉄分は吸収率が低いだけでなく汗からも失われてしまうため、発汗の多いランナーは意識して摂る必要があります。とくに女性ランナーは月経で鉄分を失いやすいため、鉄不足に注意が必要です。

食事からの鉄分補給を強化することはもちろんですが、月間走行距離の多いランナーや貧血傾向にあるランナーは鉄分補給用のサプリメントなども取り入れて、日頃から貧血予防を心がけることが大切です。

動物性たんぱく質を強化する

鉄分の多い食品を摂取するのはもちろんですが、肉や魚などの動物性たんぱく質食品をしっかり食べましょう。動物性たんぱく質には「ヘム鉄」が多く、植物性食品から摂れる「非ヘム鉄」と比較して吸収がよいためです。

ビタミンCで鉄の吸収を高める

新鮮な野菜や果物などビタミンCを多く含む食品とともに摂ると鉄の吸収率が高まります。果物を毎食摂るのが難しいという人は、果汁100％の柑橘類ジュースを利用する手もあります。食事が不規則、外食が多いという人は、ビタミンタブレットなどのサプリメントでカバーしてください。また、コーヒー、緑茶、紅茶などに含まれるタンニンは鉄の吸収を妨げるので、貧血傾向にある人は食事と時間をずらして飲むようにしましょう。

鉄分を多く含む食品

牛肉（赤身）

牛もも肉やヒレ肉など赤身の牛肉には鉄分が豊富。肉類のなかでも抜群の含有量です。たんぱく質と結合したヘム鉄が多く、植物性食品に含まれる非ヘム鉄の吸収率が５％前後なのに対し、20％ほどの吸収率です。

レバー

鉄は肝臓に貯蔵されるだけに、豚や鶏のレバーには鉄分が豊富です。ビタミンＣと一緒に摂ると鉄の吸収率が高まるため、レバーにはレモン汁をかけて食べることをおすすめします。走り込み期間中はレバーを使った料理をメニューに組み込みましょう。

野菜・海藻類

色の濃い野菜からも鉄を補給することができます。ほうれんそうのゴマ和え、海藻サラダ、小松菜のおひたしなどの副菜を積極的に食べましょう。乾物の干しひじき、切干大根には鉄以外にもカルシウム、マグネシウム、カリウムなどのミネラルや食物繊維が豊富に含まれます。

魚介類

鉄分の多い食材としておすすめなのがアサリ。酒蒸しやみそ汁、パスタ、クラムチャウダー、つくだ煮など、料理の数も豊富です。刺身なら、マグロの赤身やカツオの血合いの部分に鉄分が豊富です。また、冬はカキ鍋もおすすめです。

サプリメント

吸収率が低く、不足しやすい鉄分の補給にはサプリメントがおすすめ。月間走行距離が増える時期や、スタミナ・持久力を強化したいランナー、発汗量の多いランナーは鉄分強化として活用するとよいでしょう。

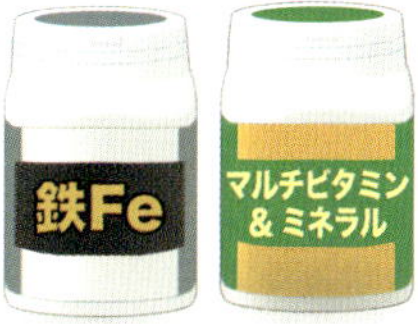

大豆製品

納豆、豆腐などの大豆製品にも鉄分が多く含まれています。朝食で納豆を主菜にしてごはんを食べてもいいですし、豆腐や高野豆腐などを野菜、海藻とともに煮物にした料理もおすすめです。主菜や副菜として、大豆製品をうまく食卓に取り入れましょう。

食事でカルシウムを強化する

カルシウム食品を積極的に摂ろう

続いて、ケガ予防や骨の強化に必要なカルシウムの摂り方を解説します。

カルシウムの体内吸収率は加齢によって低下するほか、体質や食べ合わせなどにも左右されます。発汗が多いときには汗によりカルシウムを損失するので、食事でカルシウムをしっかり補いましょう。

カルシウムの吸収率を高めるためのスキル

カルシウムは、体内の吸収を促進させるビタミンDやビタミンKと合わせて摂ることがポイント。ビタミンDはサンマやアジなど青魚のほか、干ししいたけや切干大根などに豊富に含まれます。日光を浴びると私たちの体内でビタミンDが合成されることも覚えておきましょう。ビタミンKは緑黄色野菜や海藻類に多く含まれます。

また、カルシウムの吸収を促進するフラクトオリゴ糖やビタミンDを含むサプリメントを利用すると、効果はより高まります。骨の形成、強化には、いろいろな栄養素が関わっています。カルシウムを多く含む食品を摂るとともに、バランスのよい食事を心がけてください。

ミニ知識

加工食品、清涼飲料水の摂りすぎに要注意

骨の形成に必要なリンとカルシウムは、ホルモンなどによって体内でバランスが一定になるように保たれており、理想的な摂取バランスは1：1とされています。カルシウムが十分にあるときは問題ありませんが、カルシウム不足の状態で加工食品や清涼飲料水ばかりを摂ると、血液中のリン濃度が上がり、尿によるリン排泄作用が活発になります。このとき、リンとのバランスを保つためにカルシウムも一緒に排出されてしまいます。

その結果、体内では失ったカルシウムを補うため、骨に含まれるカルシウムを血液中に放出させる働きが起こり、骨の中のカルシウムが不足してもろくなっていきます。日頃から、スナック菓子やインスタント食品、清涼飲料水ばかり摂っている人は要注意です。

カルシウムを多く含む食品

小魚

桜エビ、シラス干しなどの小魚をごはんや豆腐、サラダなどにトッピングすればメニューを増やすことなくカルシウムを摂取できます。ワカサギなら6～7尾、丸干しいわしなら2～3尾で1日の必要量の半分が摂取できます。保存のきく鮭の水煮缶などもおすすめです。

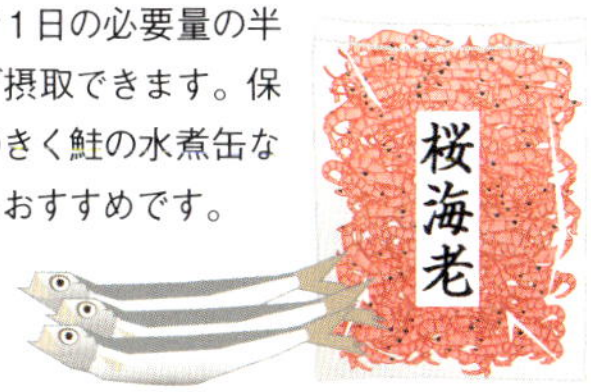

乳製品

手軽にカルシウムが摂れる食品としておすすめなのが牛乳、ヨーグルト、チーズなどの乳製品です。牛乳コップ3杯で食事摂取基準のカルシウム摂取推奨量の大半を確保できます。ただし、体脂肪が気になる人は、無脂肪や低脂肪タイプがおすすめです。

野菜

野菜では、小松菜、チンゲンサイ、クレソンなど色の濃い葉野菜にカルシウムが多く含まれています。炒め物、おひたし、スープなどにして積極的に食べましょう。忙しい朝は、量がたっぷり摂れて飲みやすいスムージーなどにして朝食がわりにするのもおすすめです。

海藻類、大豆製品

ひじき、高野豆腐、切干大根などの乾物食品にはカルシウムが豊富です。サラダ、みそ汁、煮物などにたっぷり加えるとよいでしょう。豆腐や厚揚げ、納豆などの大豆製品からもカルシウムが補給できます。たんぱく質も同時に摂れるので積極的に活用しましょう。

スキムミルク（脱脂粉乳）

スキムミルクは脂肪分をほとんど含んでいません。しかし、カルシウムやたんぱく質は牛乳と同じくらい含んでおり、栄養的に優れた食品のひとつです。みそ汁やスープ、茶碗蒸し、卵焼き、デザートなどに、「隠し味」ならぬ「隠し栄養」として加えてみては。

食事でビタミンB群、Cを強化する

代謝と体調維持に関わるビタミン

走力アップのためには、ビタミンB群、Cの摂取も忘れてはいけません。

ビタミンB群は、糖質、脂質、たんぱく質の代謝を助ける働きを持ち、エネルギー代謝やカラダづくりをスムーズにするには欠かせないうえ、不足しやすい栄養素でもあります。

ビタミンCには、免疫力を高めてカゼを予防したり、ストレスを緩和させる効果があります。また、関節などを強化するのに必要なコラーゲンの合成に関わるなど、コンディション維持のために重要な働きをしています。

ビール・缶コーヒーの摂りすぎに注意

アルコールや缶コーヒー、炭酸飲料のような糖質を多く含む飲み物は、代謝する際にビタミンB_1をたくさん使うため、ビタミンB_1不足に拍車をかけることになります。とくに暑い季節はビールや清涼飲料水が飲みたくなるものですが、糖質の摂りすぎは夏バテの原因にもなるため、注意しましょう。

ビタミンを強化するサプリメント

カラダに必要なビタミンは微量にも関わらず、ふだん野菜や果物が摂取できていないと不足しやすい栄養素でもあります。必要十分なビタミンを確保するためには、できるだけバランスのよい、規則正しい食生活を心がけましょう。それが難しい場合は、手軽に補給できるサプリメントを活用するのもひとつの方法です。

とくに、外食中心の食生活を送っている人、減量期間中やアレルギー体質などで十分な栄養を確保できないという人は、ビタミンが不足しがち。食生活に合わせてビタミンサプリメントを試してみるのもよいでしょう。

ビタミンB群、Cを多く含む食品

大豆製品

納豆は良質なたんぱく質食品で、ミネラルやビタミンB群も含んでいます。豆腐は、胃腸の機能が低下したときでも消化がよく、料理の種類も豊富。冷やっこにしてかつお節をかければ、ビタミンDの働きでカルシウムの吸収もよくなります。

ビタミン強化米・シリアル

白米を炊くときに、ビタミンB群を強化した「ビタミン強化米」を混ぜると、必要量を摂りにくいビタミンB_1を手軽に摂取することができます。また、玄米シリアルやコーンフレークなどには、ビタミンやミネラルが豊富です。手軽な朝食として取り入れてみては。

野菜

野菜はビタミンCの宝庫。サラダだけでなく、色の濃い野菜をおひたしや煮物などに調理し、積極的に食べましょう。ビタミンCは水に溶ける水溶性ビタミンですが、煮汁も一緒に飲むスープなら、溶け出したビタミンCもあますことなく摂ることができます。

野菜ジュースやスムージーもおすすめです。

豚肉・ハム

ビタミンB_1供給源の代表とされる豚肉やハム。とくにスタミナ強化、疲労回復させたいときには積極的に食べたい食品です。部位でいうと脂肪の多いバラ肉などより、ビタミンB_1が多いもも肉がおすすめ。ハムなら、ロースよりビタミンB_1が多いボンレスハムがよいでしょう。

サプリメント

バランスのよい食事を前提に、練習量が多い時期、疲れがたまっているとき、カゼをひきやすい人などはビタミンタブレットを有効に活用しましょう。ただし、ビタミンB群、Cは水溶性ビタミンなので一度に大量に摂っても余分なものは尿から排泄されてしまいます。適量を数回に分けてこまめに摂取することがポイントです。

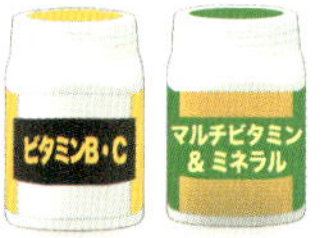

甘酸っぱい果物

果物のなかでもいちご、オレンジ、グレープフルーツ、キウイフルーツなどにはビタミンCが豊富です。毎食後に果物を食べるようにしましょう。果物を食べる習慣のない人でも、果汁100%ジュースを飲めば1日3回は果物の成分を摂取できます。

走り込んだ日の食事の目安

走力アップのポイントはしっかり食べてたくさん走ること。とくに長距離を走った日は十分なエネルギー源を摂取し、各栄養素も強化が必要です。

「日本人の食事摂取基準」(2015年版)では、30代男性(体重70kg)は1日あたり2,650kcalの摂取が目安とされています。この男性が1日に20km走ったとして、その分の消費エネルギーを概算で計算すると、

70kg×20km＝1,400kcal(体重×距離＝消費エネルギー)

20km走った日はトータルで、2,650＋1,400＝4,050kcalが必要となります。ここでは「栄養フルコース型」の食事をベースに、走らない日の約2,650kcalの食事と、走り込んだ日のランナーに必要な栄養素を強化した約4,000kcalの食事を紹介します。

	約2,650kcal	約4,000kcal
■たんぱく質	104.2g	172.2g
■脂質	93.4g	140.1g
■カルシウム	1136mg	1594mg
■鉄	11.7mg	14.3mg
■ビタミンB_1	2.31mg	5.16mg
■ビタミンB_2	2.11mg	3.87mg
■ビタミンC	532mg	631mg

朝食

走らない日

1 トースト
2 目玉焼き(卵1個)
2 3 ベーコンとほうれんそうのソテー
4 5 ヨーグルト(キウイフルーツ)
4 果汁100%オレンジジュース

644kcal

1,095kcal

走り込んだ日

1 2 5 **ハム・チーズトースト**
2 **目玉焼き(卵2個)**
2 3 ベーコンとほうれんそうのソテー
4 5 **ヨーグルト(キウイフルーツ＋バナナ)**
4 果汁100%オレンジジュース

主食はふつうの食パンからビタミン・ミネラル豊富な胚芽パンに変え、1枚増やしてボリュームアップ。ハム＆チーズ、卵を増やしてたんぱく質を強化。ヨーグルトにはバナナを加えて。

1 主食　2 おかず　3 野菜　4 果物　5 乳製品

昼食

走らない日

1 2 3 パスタ（具だくさんペペロンチーノ）
3 海藻サラダ
3 5 パンプキンスープ
4 果汁100%オレンジジュース

走り込んだ日

1 2 3 パスタ（具だくさんペペロンチーノ）
1 **テーブルロール**
2 3 **海藻サラダ（豆腐）**
3 5 パンプキンスープ
4 果汁100%オレンジジュース

プラスしたパンにはバターよりもジャムを添えて走るエネルギーを確保。海藻サラダに豆腐を加えてたんぱく質も増やす。

夕食

走らない日

1 ごはん（150g）
2 3 豚のしょうが焼き（豚肉120g）
3 切干大根の煮物
2 3 油揚げとワカメのみそ汁
4 グレープフルーツ 5 低脂肪乳

走り込んだ日

1 **ごはん（200g）**
2 3 **豚のしょうが焼き（豚肉150g）**
2 3 **大豆とひじきの煮物**
3 切干大根の煮物
2 3 油揚げとワカメのみそ汁
4 グレープフルーツ 5 低脂肪乳

ごはんと豚肉の量を増やし、鉄分の多いひじきをプラス。食事だけでは不足しがちな鉄、カルシウムなどはサプリメントを利用するとよい。

間食

走らない日

5 アイスカフェオレ　**103kcal**

走り込んだ日

5 アイスカフェオレ

＜走る前＞

ゼリーバー

＜走った直後＞

1 **あんぱん　プロテイン**　**455kcal**

走る前の補食

走る前はできるだけ消化しやすい補食(間食)を利用しよう。走る1時間半～2時間前に食べるなら、おにぎりやパン、カステラなど。30分～1時間前ならより吸収の速いゼリーなどがおすすめ。

走り終わった直後の補食

走り込んだ後はできるだけ早いタイミングで炭水化物(糖質)+たんぱく質を摂取する。おにぎりやパン、バナナ、エネルギーゼリーなどの炭水化物(糖質)と、直後でも速やかにたんぱく質が補給できるプロテインも活用しよう。

走った日は当然のことながら、走り込みの時期などは、その翌日も5大栄養素を確保するため「栄養フルコース型」の食事を参考に栄養強化しましょう!

マーラ・ヤマウチ選手から見た日本食

プロのマラソン選手として世界レベルのレースで活躍する、マーラ・ヤマウチさん。実はたいへんな日本食通でもあります。
そんな彼女がランニングと食事、和食の効用について語ります

PROFILE

●マーラ・ヤマウチ　オックスフォード大学、ロンドン・スクール・オブ・エコノミックスを経て英国外務省に入省。1998年に日本に赴任し日本人・山内成俊氏と結婚。2002年より本格的にランニングに取り組み、数々の国際レースで優勝を飾る。英国歴代2位の記録保持者。

初来日の日本食の印象

私が初めて来日したのは、外交官時代。まず実感したのは、本当に主食がお米だということです。知識としてわかっていましたが、どこに行ってもお米の消費が多い。小麦文化の欧米とはまるで違うことに驚きました。

また、魚やタコやイカ、アサリなどの魚介類も食生活に多く取り入れられていて、調理方法やメニューも豊富です。海藻類も、簡単におみそ汁に入れるワカメからひじき、昆布、もずくなど日常的に食されています。イギリスも海に囲まれた同じ島国なのに、このように豊富な種類の海産物は日常の食卓にのぼりません。

そのほか、日本と欧米の食生活の違いがわかるのが、イギリスではほとんど見ない大豆製品です。大豆は醤油やみそ、納豆、豆腐、がんもどき、厚揚げなど多くの食品に使われています。ちなみに私は揚げ出し豆腐が大好物。

イギリスでは、国の医療保険制度に影響を及ぼすほど、

肥満が社会問題になっています。これに対して日本では極度の肥満を見ることはほとんどなく、健康と食生活についての意識が非常に高いことがわかります。

初マラソンでの食事の失敗

初マラソンは、2004年のロンドンマラソンでした。このときはまだ食事に関する意識が低く、レース前に何を食べるかとくに考えていませんでした。結果は、途中で腹痛を起こしレース中にトイレに駆け込むことに……。

それ以来、レース前に何を食べるか事前に考え、その食事内容が自分に合っているのかどうか、距離走などの練習前に何度も試すようにしています。レース前の宿泊先でその食事が摂れるかどうかを調べ、摂れない場合はどうするか、再検討することも心がけています。

選手にとって食事はレース準備の重要なファクターのひとつです。レース前日や当日の食事に関しては、前もって内容を確定して摂取の練習を重ね、当日食べるものの手配が必要ということをこの経験で学びました。

現在は、消化する時間を考えてレース3時間前には食事をしています。長いレースの場合は、とくに炭水化物

日本在住時の食事内容

朝

【洋食】シリアルミックスにナッツ、レーズン等を混ぜたもの、パン、ヨーグルト、野菜のミックスジュース（にんじん、セロリ、しょうが、りんご、オレンジジュースなどを毎朝ミキサーにかける）、卵料理（オムレツ、目玉焼き、スクランブルエッグなど）、コーヒー

【和食】ごはん、目玉焼き、前の晩の残りの煮野菜、野菜のミックスジュース

昼

親子丼などごはんを使った丼ぶりもの、またはそばやうどん、パスタ料理。

必ず野菜とたんぱく質を一緒に摂る（野菜の煮物、魚の干物、ハンバーグなど）

夜

ごはん、野菜・海藻がたくさん入ったみそ汁、おかずに魚の塩焼きやサバのみそ煮、しょうが焼きなどの肉料理、そのほかひじきの煮物、野菜の煮物、サラダなど

（糖質）を中心にしてエネルギー切れにならないように。また、レース後はプロテインと糖分の含まれたリカバリードリンクを飲み、その後しっかり食事を摂るように意識しています。滞在先などできちんと食事を摂れないときは、あらかじめおにぎりやバナナを用意。これだけで、疲労の回復具合がまったく違うと実感しています。

日本食はランナーにとって最適

2006年からはランナーとして日本に拠点を置いていました。食事は和食がベース。お米、魚介類、海藻類、大豆食品、野菜など和食の食材は、体調管理が大切なアスリートに適していると思ったからです。食事方法として、主食・主菜・副菜におみそ汁を取り入れると、自然にバランスのよい食事が組み立てられるということもその理由です。

とくに心がけていたのは、多品種の食品を摂るということ。そのためにふたつのことを実践しました。まず、一回の食事に野菜類、肉・魚類、海藻類などの各食品群のなかでも、多品種を使うこと。もうひとつは、毎食の食材が同じものに偏らないことです。お肉でいえば、今日が豚だったら、翌日は牛、翌々日は鶏というように。日ごと、または朝昼晩の食事ごとに違ったものを食べる。こうすることで、食事を楽しむことができ、精神面でのよい影響が、身体面のよい効果につながると思います。

また、ビタミンやミネラルをしっかり摂るため野菜と海藻類を意識して食べました。和食は煮物や炒め物など多くの調理方法で簡単に多品種の野菜を摂ることができるので、無理なく食生活に取り入れられました。

和食で練習の質がレベルアップ

今はイギリスで暮らしていますが、3食とも日本にいた頃とほとんど変わりありません。ただ魚介類・海藻類が手に入りにくいため、冷凍の魚介類や、缶詰の魚を食べることが多いです。また、可能な限りパンをメインにしないようにしています。パン食から米食を中心にすることで、お腹の調子が安定したと感じます。

食事だけでは不足しがちな栄養素は、鉄分やマルチビタミンなどを活用して、補うようにしています。

ランナーにとって一番大切なのは、継続的に質の高い練習を積むこと。身体的・精神的疲労や故障によって、練習を妨げられないことが重要です。日本人の夫と出会って、和食を中心にしてから練習の質が継続的に高まり、ケガもなく自己ベストが伸びるようになりました。

ランニングも食事も、楽しむことが一番大切です。トレーニングや食事摂取はさまざまな方法がありますが、体調と相談しながら自分に合ったものを取り入れていきましょう。身体面も精神面も楽しむことで、より充実したランニングライフになると私は実感しています。

PART 03

フルマラソン快走に向けたレース期の栄養戦略

「レース前は何を食べたらいいの？」「35㎞の壁を乗り越えるには？」。マラソンを走るためのエネルギーについて理解を深め、レース2週間前からの調整方法や、レース直前〜レース後までの栄養戦略を解説します。基本の考え方をマスターし、自分に合った調整方法を見つけましょう。

フルマラソンを走るエネルギー源

フルマラソンを走るときの消費エネルギーはどれくらい？

フルマラソンを1回走ると約2000〜3000kcalを消費するといわれています。これは成人が1日に必要とするエネルギー量に相当します。

走ったときに消費するエネルギー量を算出するための簡単な方法として、「体重1kgあたり、1km走るのに、1kcal消費する」という考え方があります。

たとえば体重60kgのランナーであれば、60×42・195＝約2530kcalのエネルギーを消費する計算です。体重が同じであれば、2時間前半のタイムで走るトップランナーでも、5時間台のランナーでも、計算上はおおよそ同じエネルギー量を消費します。つまり、消費エネルギーは走るスピードに関わらず、ある程度一定だということです（ただしこの計算は、レース条件などによっても変化するのであくまでも目安として捉えてください）。

では、フルマラソンを走るためのエネルギーはどのように生み出され、カラダのどこに蓄えられているのでしょうか？

体内の糖質と脂肪がエネルギー源として使われる

PART1でも触れましたが、もう一度おさらいしましょう。マラソンのような長距離を走るときは、体内に貯蔵された糖質と脂肪を、酸素を使って燃焼することでエネルギーをつくり出しています。

糖質エネルギー源として主に筋グリコーゲンが、脂肪エネルギー源として体脂肪が使われます。糖質も脂肪もエネルギー産生回路（TCAサイクル）に取り込まれ、燃やされて二酸化炭素と水になる過程でエネルギーを放出するのです。こうしてエネルギーが次々とつくられることで、運動が持続的に行えるシステムになっています。

ランニングによるエネルギー消費量の目安

体重(kg) × 距離(km) = 消費エネルギー(kcal)

上記の計算で、ランニングで消費するエネルギー量の目安が計算できる。
たとえば体重60kg のランナーがフルマラソンを走った場合、
60 ×42.195 =約2,530kcal
およそ2,500kcal を消費することになる。

フルマラソンの消費エネルギー

ゴールタイム	消費エネルギー（体重57kg）	
	kcal/min	kcal/42.195km
5時間14分	7.6	2392
4時間22分	9.1	2386
3時間16分	12.1	2380
2時間37分	15.1	2376
2時間11分	18.2	2386

Nutrition for Health, Fitness, & Sport 9th Edition(2009)より算出

スピードに関わらず、消費エネルギーはほとんど同じ

「体重×距離＝消費エネルギー」は簡易的な計算式で、消費エネルギーの測定法にはより精度の高いさまざまな方法があります。上記の「フルマラソンの消費エネルギー」では、「走るスピード」もふまえた詳細な計算を行っていますが、結果として消費エネルギーはランナーのレベルに関わらずほぼ同じです。

速い人でも、遅い人でも、
レース前のエネルギー戦略が必要

Let's RUN!

走るエネルギーはどこにある!?

体内に貯蔵されているエネルギー量はどのくらい?

体内における糖質エネルギー源は、筋肉に「筋グリコーゲン」、肝臓に「肝グリコーゲン」と形を変えて貯蔵され、血液中には「血糖」として存在しています。グリコーゲンは、糖質の最少単位であるブドウ糖がいくつか連なったもので、これをカラダの組織に蓄えておくと、速やかにエネルギーとして活用できるという利点があります。

そのなかで、運動時のエネルギー源の主役は「筋グリコーゲン」です。「肝グリコーゲン」は血液中の「血糖」を一定に保つために控えています。

運動などによって筋グリコーゲンが減ると、血糖も筋肉細胞でエネルギーの原料とされます。すると、血糖値が下がらないように肝臓のグリコーゲンがブドウ糖に分解され、血液中に放出されます。つまり、マラソンのような長い距離を走る際には、肝グリコーゲンも血糖という形を経て運動のエネルギーになっているのです。

体内のグリコーゲンの貯蔵量は、個人差はありますが、筋グリコーゲンと肝グリコーゲンのふたつを合計しても２０００ｋｃａｌ程度。さほど大きなエネルギー量とはいえません。前ページの計算でもわかるように、体重60kgの人がフルマラソンで消費するエネルギーは２０００ｋｃａｌ以上。そう考えると、糖質エネルギー源だけではフルマラソンを走りきるエネルギーが足りないということになります。

一方、脂肪は脂肪組織と筋肉中にトリグリセリド(中性脂肪)という形で存在し、体脂肪として貯蔵されています。体脂肪は人によって異なりますが、そのエネルギー量は膨大です。

わかりやすい目安として、体脂肪1kgにつき、エネルギー量は７０００ｋｃａｌといわれています。体重70kgで体脂肪率16%の場合は、体脂肪の量は11kg強。これは理論上ではフルマラソンをおよそ26回走れるエネルギー量に相当します（下図参照）。

トップランナーのように体脂肪率10％を切る細身のランナーでさえも、脂肪によって膨大なエネルギーを体内に蓄えていることになります。

糖質エネルギーを温存し、体脂肪を使うという戦略

糖質と脂肪は、どちらか一方だけが使われるということはほとんどなく、両者がさまざまな割合で使われます。速いペースで走るときは糖質（グリコーゲン）の割合が大きくなり、スローペースで走るときは糖質と脂肪が半々で使われます。

つまり、ゆっくりマイペースのジョギングでは糖質を温存することができますが、速く走るほど糖質を多く必要とするのです。しかし前述の通り、体内の糖質の貯蔵量には限界があります。記録更新を狙って走るランナーほど糖質を必要としますが、カラダの構造上、フルマラソンの距離を糖質エネルギー源だけで走りきることはできません。莫大なエネルギー源である体脂肪を使うことが、有効なエネルギー戦略になります。

体内のエネルギー貯蔵量

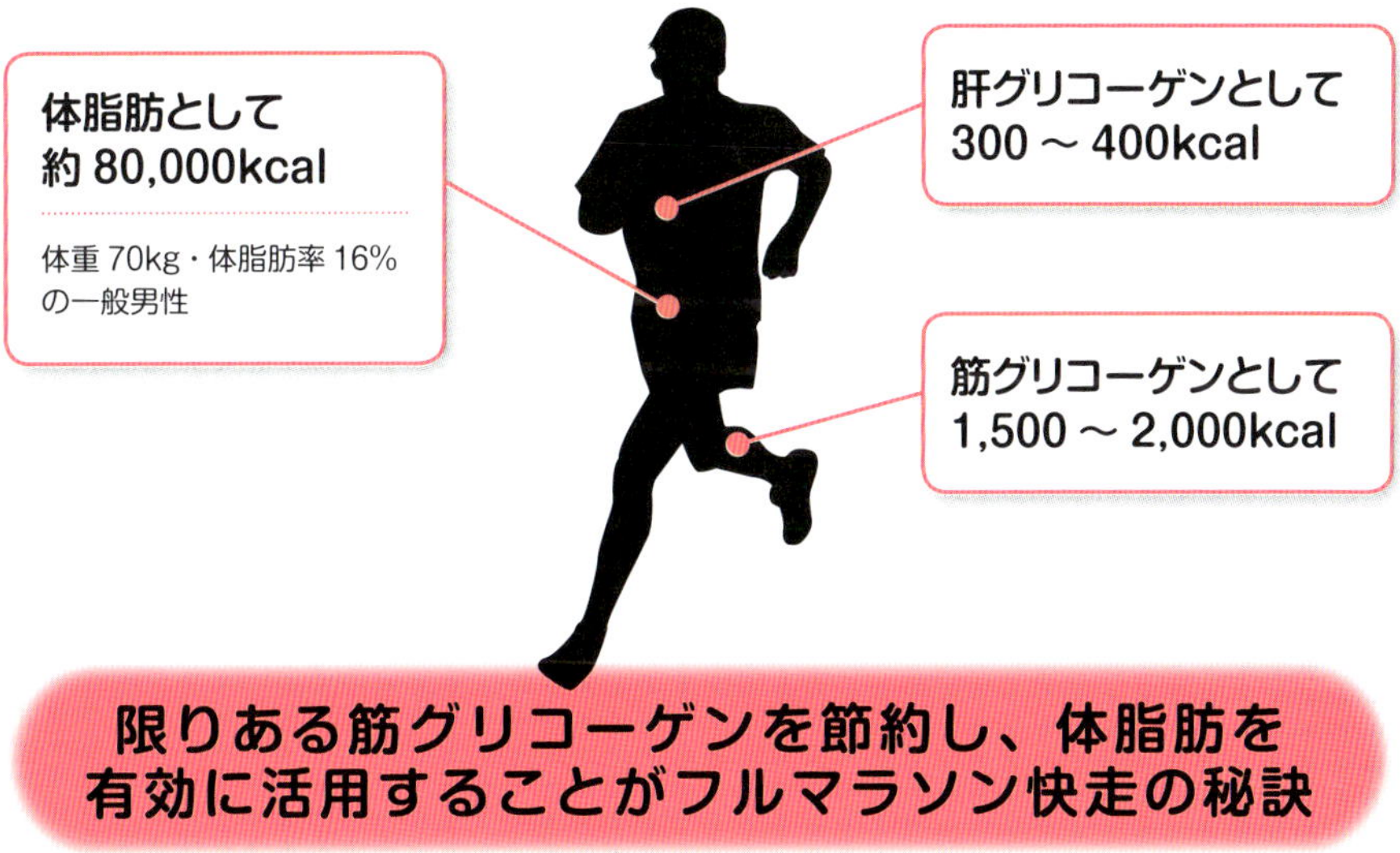

限りある筋グリコーゲンを節約し、体脂肪を有効に活用することがフルマラソン快走の秘訣

「35㎞の壁」を乗り越えるには？

「35㎞の壁」とは？

フルマラソンにチャレンジして、レース終盤の失速に泣いた経験があるランナーは多いことでしょう。中盤までは、快調な走りをしていたはずが、レースの後半から足が重くなることはよくあります。疲労で徐々に遅くなるのではなく、今までの快走がウソのようにガクッと急激にペースダウンしてしまうのです。

この現象のほとんどが30㎞以降で起こり、多くが35㎞以降に集中しているため、マラソンには「35㎞の壁」が存在するといわれています。「35㎞の壁」には、いろいろな要素が絡み合っています。練習不足やオーバーペースなどビギナーにありがちな原因もありますが、栄養面での原因とその対策をいくつか紹介しておきましょう。

糖質、ミネラル、水分を確保

ひとつが、糖質エネルギーの確保です。記録更新を目指すランナーはペースが速い分、糖質エネルギー源（グリコーゲン）はどんどん消費されます。グリコーゲンを切らさないために、レース前に多く糖質を補給して体内に貯めておいたり、レース中にも摂り入れるなどの対策が必要です（詳細は96ページ〜）。

また、マラソンでは膝や腰などの関節に持続的に負荷がかかり、痛みやすくなります。膝などは脚の筋力を鍛えれば負担を減らすことができるので、PART2で紹介したような筋力アップを意識した栄養摂取も有効な改善策といえるでしょう。

そして当日できることでいえば、「水分補給」です。その際、汗から失われるミネラル（電解質）を補うために「電解質」が含まれる飲料を選ぶことがポイントです（詳細は44ページ、112ページ）。

このように、「35㎞の壁」を乗り越えるためには、さまざまな準備と対策が必要です。

「35kmの壁」原因と対策

原因	対策
練習不足	距離を走る
オーバーペース(前半飛ばしすぎ)	ペース配分
脱水	水分補給
足つり・ケイレン	ミネラル補給、ストレッチ
グリコーゲン減少	糖質補給
集中力低下・低血糖	糖質補給
膝などの痛み	筋力アップにより膝への負担軽減

Column

糖質補給の力を実感

「ジェルは確かに、脳に効く」と話すのは、日本経済新聞編集委員の吉田誠一氏。彼はベストタイム3時間16分という記録を持つ、熱心な市民ランナーでもある。

彼が糖質補給のためにエネルギージェルを持って走るようになったのは2年ほど前。ランニング仲間から「えっ、吉田さん、ジェル持たないの？」と驚かれたのがきっかけだった。次に出場したつくばマラソンで、初めてジェルを持って走ることにした。ポーチにふたつ。20kmと30km地点で飲むつもりで、走り始めたという。

ところが、ジェルが気になって仕方がない。秘密兵器を持ちながら活かしきれないようではもったいないという思いで、予定より早く15kmすぎでひとつめを口にした。単純に、早く飲んでみたいという気持ちも強かった。

ジェルの力は大きい。カラダにというよりも、脳に効いた。「こんなにつらいことはもうやめよう」という弱音がさっと消えていったという。これがエネルギージェルかと、効果を実感した。

しかしそれも長くは続かない。疲れを感じ、ふたつめを25kmあたりで補給した。ジェルの力で、また強気になれた。そして35kmにたどり着いたとき。脚は重く、走ることが苦しくてたまらなかった。完全なる、「ガス欠」の状態である。

誤算は、15km地点でひとつめを使ってしまったことにあった。初めてのものを試してみたいという好奇心に負けて、タイミングを誤ったのだ。しかしそれでも、糖質補給の大切さを体感できたのは成果だったと吉田さんは語る。

その後、ベストタイムを更新したベルリンマラソンでも、2度ジェルを使用した。今では、エネルギージェルは「35kmの壁」を乗り越えるのに欠かせない必須アイテムとなっている。

〜走る新聞記者〜
吉田誠一氏
1962年生まれ。日本経済新聞編集委員。フルマラソンの自己記録は3時間16分02秒。
著書に『ヨム マラソン：42.195kmの脳内活劇』(講談社)がある。

レース2週間前からの調整法

筋肉と体調のコンディショニング

ここからは、レース前の調整法について解説していきます。

単にトレーニングを重ねるだけでなく、本番をベストコンディションで迎えなければ、完走や記録達成は難しいのがフルマラソン。調整期となるレース前2週間をどのように過ごすかがカギとなります。

最大のポイントは「コンディショニング」。これにはさまざまな要素がありますが、以下のふたつがとくに重要となります。

①筋肉のコンディショニング
筋肉の疲労を抜いていき、フレッシュな状態にすること
②体調のコンディショニング
カゼをひいたりしないように、体調全般を整えること

いくら体調がよくても筋肉痛など疲労が残っていては、走り出す前から疲れていて好記録は望めないでしょう。逆に、いくら筋肉がベストコンディションでも、カゼで発熱していたり、せきや鼻水が止まらない状態では、レースへの出場すら難しくなります。

「①筋肉のコンディショニング」はトレーニング計画がポイントになるので、トレーニング本を参考に。ただしオーバートレーニングを避けて「量から質」重視のトレーニングで最後の仕上げをしていくことが重要です。

栄養面で深く関わってくるのが「②体調のコンディショニング」です。以下、詳しく解説しましょう。

「栄養フルコース型」の食事を中心に野菜・果物を多めに摂る

マラソンシーズンの秋～冬にかけては気温の低下とともに空気が乾燥するため、カゼをひきやすい時期でもあります。とくにここまでのトレーニングによって疲労がたまっているカラダは、免疫力が低下しているので、カゼやインフルエンザなどのウイルス感染に要注意です。厳

しい外的環境のストレスを緩和し、ウイルスに対する抵抗力を高めるには、十分な睡眠とバランスのよい食事を摂ることが一番です。

レース2週間前～4日前までは必要な栄養素をバランスよく摂取するための「栄養フルコース型」の食事をベースに、とくに色の濃い野菜と甘酸っぱい果物を積極的に摂りましょう。日頃栄養不足を感じている人は、レースの1ヶ月くらい前からビタミン強化のタブレットを摂取するなど、サプリメントの活用も効果的です。

ミニ知識

体重を落とせば速くなるというのは本当？

体重を1kg減らすとフルマラソンのタイムが3分縮まる、といわれています。確かに、ランニングの着地時には体重の3倍の衝撃が脚にかかることから考えても、体重が軽いほうがケガのリスクも少なく、速く走れるという考え方は間違いではないでしょう。しかし「体重が軽いほど速くなるなら、食事を減らそう」という安易な考え方には問題があります。無理なダイエットで大切な筋肉まで落としてしまっては意味がないのです。

筋肉量の低下は、スピードやスタミナの低下につながり、基礎代謝量（安静状態で生きていくために最低限必要なエネルギー量）が減るため、かえってやせにくい体質になってしまいます。走りに適した筋力アップで長い距離をこなせるようになれば、自然と体脂肪も落ちていきます。

記録を伸ばすためのレース前の体重コントロール

記録更新を狙うランナーにとって、体重のコントロールは重要なポイント。練習量の落ちるレース調整期の体重の増減は、レース結果に影響してきます。この時期は、毎日一定の時間に体重を測っておきましょう。

大切なのは、レース調整期に入って体重を極端に増減させないこと。練習量に見合った食事を摂り、1kg程度の体重の増加にはふり回されないようにしましょう。短期間に体重が増えると、膝などに負担がかかり故障の原因になります。「少しでも体重を落とせば速く走れる」という考え方から、レース直前に極端な減量をするのもNG。体重が落ちてカラダが軽くなったとしても、レース前にコンディションを崩してしまっては、せっかく積み上げてきた練習が水の泡です。

グリコーゲンローディングとは？

レース前のグリコーゲン貯蔵

走るエネルギー源の主役となる糖質は体内ではグリコーゲンとして蓄えられ、その貯蔵量には限界があること。これらはすでに述べてきました。

つまり、レース後半のスタミナのカギを握るのは体内の糖質です。そこで生み出されたのが「グリコーゲンローディング」と呼ばれる特別な食事法。レース前にごはんやパスタなどの炭水化物（糖質）中心の食事をして、筋肉中にグリコーゲンを貯め込むという方法です。

グリコーゲンの貯蔵量を一時的に増やすことで体内のエネルギータンクを満タンにし、「ガス欠」にならないための準備がグリコーゲンローディングなのです。

グリコーゲンローディングの古典法と改良法

グリコーゲンローディングには「古典法」と、それをア

グリコーゲンローディングとは

グリコーゲンローディングとは、レース中に必要なエネルギー源（グリコーゲン）を筋肉中に貯め込む作業。

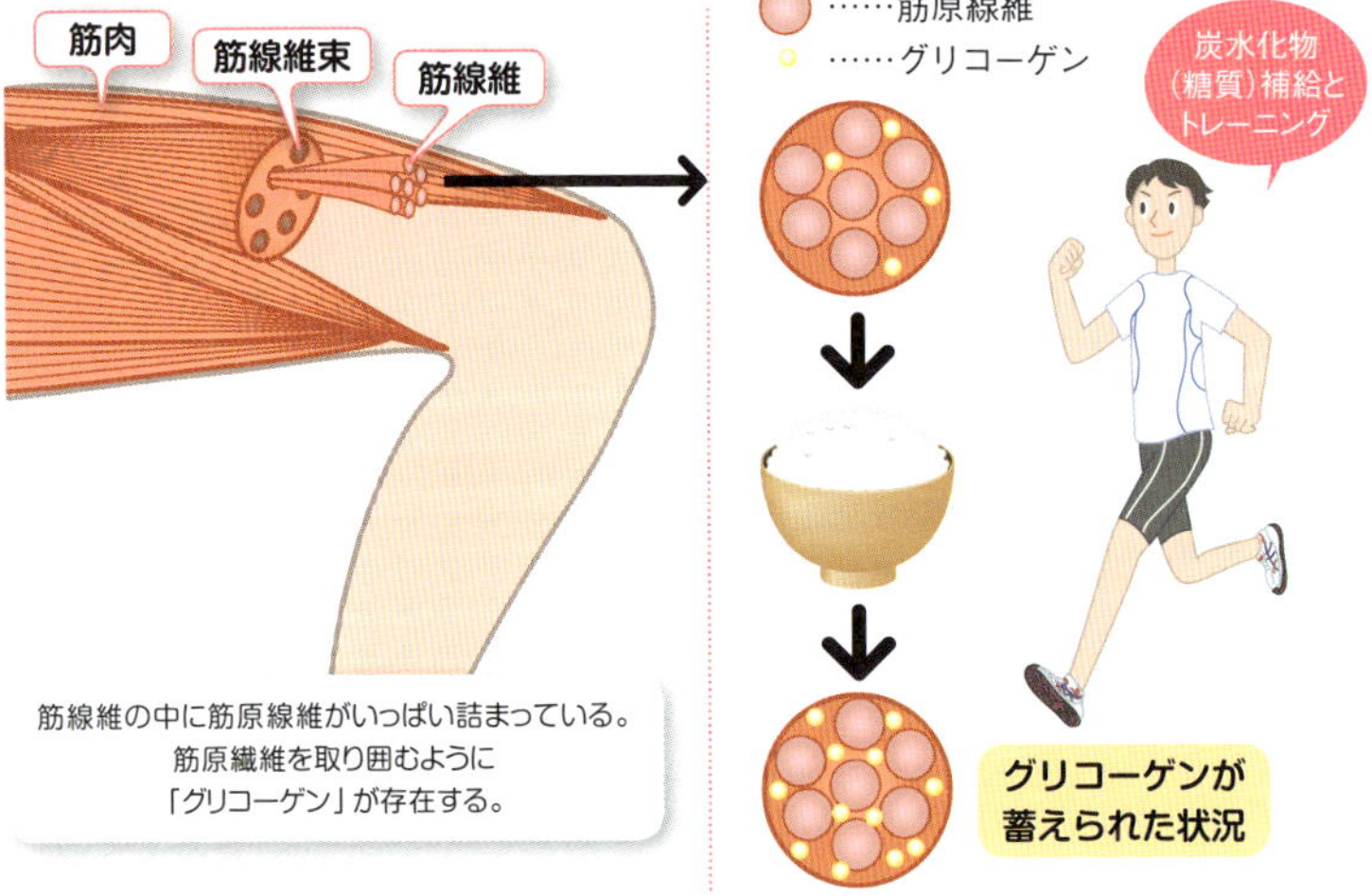

筋線維の中に筋原線維がいっぱい詰まっている。
筋原繊維を取り囲むように
「グリコーゲン」が存在する。

レンジした「改良法」の2種類があります。

「古典法」は、1週間のプランで行うもので、1960年代に提唱されました。まずは、体内のグリコーゲンを枯渇させるために疲労困憊《こんぱい》になるまで運動を行い、その後3日間は炭水化物(糖質)を控えた食事にします。そしてもう一度ハードな運動で追い込んで後半の3日間を今度は高炭水化物食(高糖質食)に切り替え、リバウンドを利用して枯渇したグリコーゲンを一気に貯め込む方法です。

しかしこの方法には、ごはんなどの主食の制限が日本人に合わないことや、レース前の大切な時期に疲労困憊するまで運動を行うことで疲れが抜けきらず、調整に失敗するランナーが見られるなど、いくつかの課題がありました。

そこで1980年代からは、もうひとつの「改良法」が主流になってきました。レースの4日前まではふだん食べ慣れている食事を摂り、レース3日前から高炭水化物食(高糖質食)に切り替えてグリコーゲンを蓄えるというものです。カラダへのダメージが少なく、古典法とほぼ同量の筋グリコーゲンを蓄えられるとあって、現在は多くのランナーが取り入れています。

古典法・改良法グリコーゲンローディングの比較

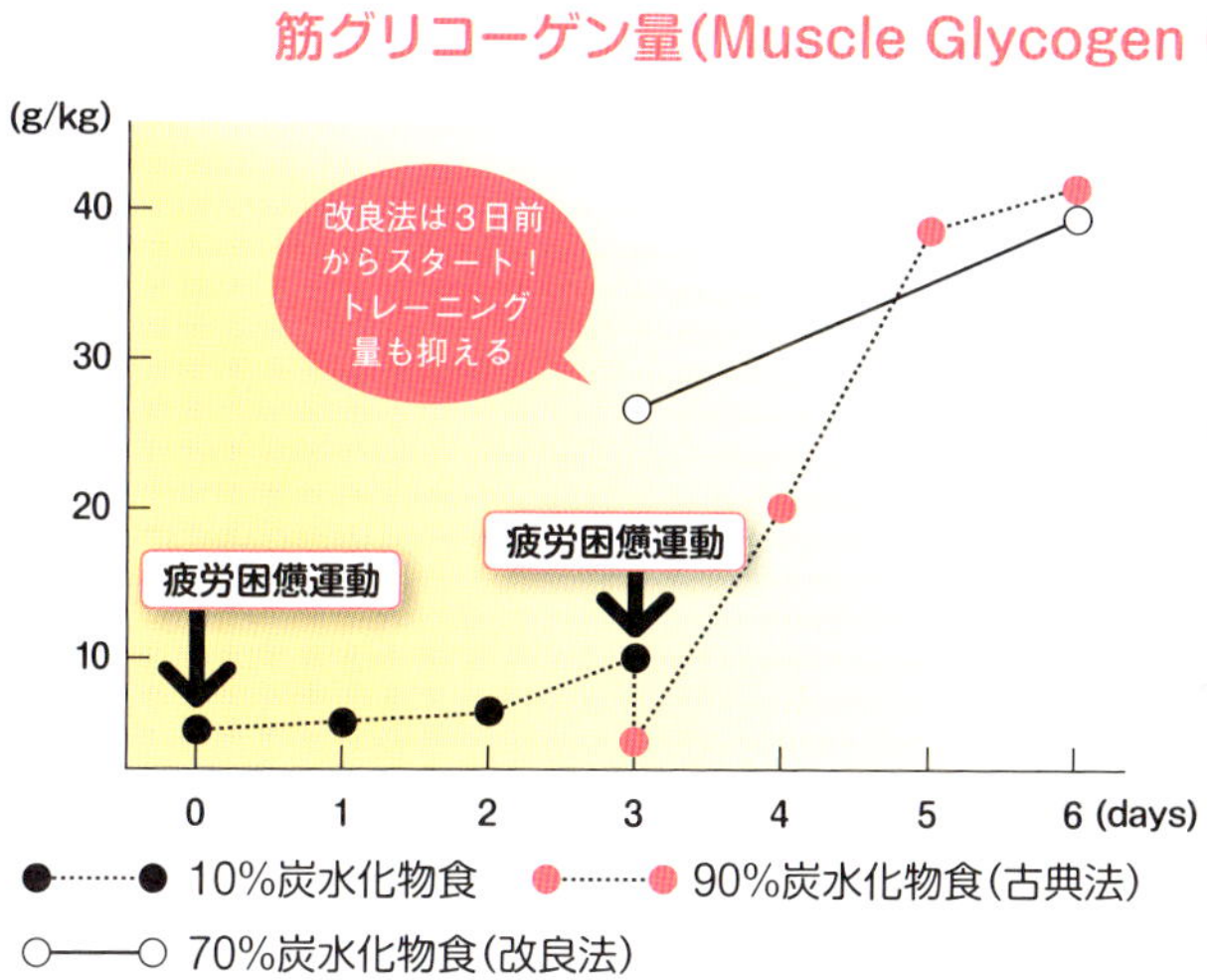

1週間かけて行う古典法では、高炭水化物食と並行してハードな運動でカラダを痛めつけるため、疲れがたまるなどの問題があった。現在主流になっている改良法は、高炭水化物食は3日間のみで、同時にトレーニング量も抑えるが、古典法とほぼ同じくらいの効果が得られる。

出典:Sherman WM and Costill DL. The marathon: dietary manipulation to optimize performance. Am. J. Sports Med. 12(1): 44-51, 1984

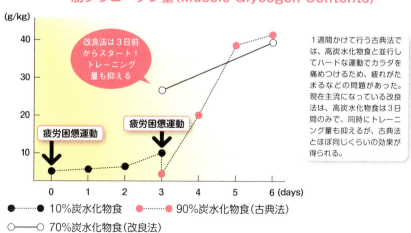

実践！レース3日前からの食事

炭水化物（糖質）中心の食事を

グリコーゲンローディングの理論と進め方が理解できたら、いよいよ実践です。

日曜日のレースを想定した場合、月曜日～水曜日までは94ページで紹介したことを心がけながら、ふだん通りバランスのよい食事をします。バランスのよい食事とは、もちろん「栄養フルコース型」の食事です。

その後、レース前3日間（木曜日～前日の土曜日にかけて）は、おかずの量を控えめにして、その分ごはんやパン、麺類などの高炭水化物食（高糖質食）に切り替えます。五目ごはん、ちらし寿司、混ぜごはんなどのメニューは野菜などのいろいろな食材が摂れ、ごはんもたくさん食べられるのでおすすめ。外食ならば、パスタの大盛り、うどんとかやくごはんのセットなど、ふだんより主食を多めにすることがポイントです。

レースで自分の力を100％出しきるために、頭とカラダを動かすエネルギーを満杯にしておくことが成功のカギとなります。

主食の量を増やした分、おかずは控えめに

ただし、気をつけたいのは必要以上の食べすぎによるカロリーオーバーです。

高炭水化物食（高糖質食）とは、ただ高エネルギーの食事をするのではありません。「1日の総エネルギー量の70％以上を糖質で摂り、糖質で増えた分のエネルギー量を、脂質やたんぱく質の割合を減らして調整する」考え方の食事です。レース調整期は、練習量が通常より少なくなるため、食べすぎには注意が必要です。主食をメインにする分、おかずは控えめにしましょう。

とくに高脂質、高エネルギーのメニューは消化に時間がかかるので要注意です。油脂の多い揚げ物、炒め物、マヨネーズやバターを多く使ったメニューや、ひき肉料

理、クリーム系の料理などは控えるようにしましょう。

また、一度にたくさん食べられないという人は、間食などをうまく利用してください。あんぱんやジャムパン、和菓子、カステラ、果物などがおすすめです。

果物をたっぷり食べよう

炭水化物（糖質）の補給はもちろんですが、ウイルスからカラダを防御したり、心身のあらゆるストレス（緊張・カゼ）に対抗するにはビタミンCの補給が大事なポイントになってきます。

バナナ、りんご、なし、ぶどうなど糖質が豊富な果物はもちろん、オレンジやグレープフルーツ、キウイフルーツ、いちごなどビタミンCたっぷりの果物も積極的に摂るように心がけましょう。

毎回の食事で果物を摂取することが難しい場合は、ビタミンタブレットなどのサプリメントを活用することをおすすめします。

レース３日前からの食事のポイント

○主食・果物中心
○食べ慣れている食品

炭水化物（糖質）の補給

ビタミンの補給

レースの３日前からは、主食・果物中心の食事で
カラダの中にエネルギーを蓄えよう

レース3日前の食事

ここでは、具体的なグリコーゲンローディングの食事の例を紹介します。グリコーゲンローディング中は、1日の総エネルギー量の70%以上を炭水化物（糖質）で摂るようにします。「ごはんとうどん」「パスタとパン」など、3日間分、朝昼晩のメニューがあるので、参考にしてください。エネルギー源となる炭水化物（糖質）のほかに、エネルギーの代謝にかかわるビタミンB_1、コンディション維持のためのビタミンCも意識して摂りましょう。

1日の総エネルギー量	3,259kcal
〈強化したい栄養素〉	
■炭水化物	574.2g
■ビタミンB_1	3.38mg
■ビタミンC	391mg
〈エネルギー比率〉	
■たんぱく質	14%
■脂質	15%
■炭水化物	71%

間食

どらやき1個
227kcal　炭水化物47.1g

朝食

甘めのフレンチトーストなら炭水化物（糖質）もガッツリ

フレンチトーストにはバターは使わずメープルシロップやはちみつをたっぷりと。もうひとつの主役はポテトサラダ。マヨネーズは控えめにし、その分ヨーグルトを使ってヘルシーに。

- 1 フレンチトースト（メープルシロップ添え）
- 2 イタリア風かきたまスープ
- 1 3 ポテトサラダ
- 4 果汁100%オレンジジュース
- 4 5 低脂肪ヨーグルト（キウイフルーツ）

1,057kcal	
〈強化したい栄養素〉	
■炭水化物	169.0g
■ビタミンB_1	0.81mg
■ビタミンC	173mg

※総合ビタミン、ミネラルのサプリメントをプラスするとなおよい

1 主食　2 おかず　3 野菜　4 果物　5 乳製品

昼食

「うどん＋おにぎり」はグリコーゲンローディングの定番

「麺類＋ごはん」を組み合わせた消化のよいセットメニューで炭水化物（糖質）をローディング。青菜や甘酸っぱい果物にはビタミンCが豊富なのでレース前はしっかり摂ろう。

- 1 2 3 けんちんうどん
- 1 梅干しとじゃこのおにぎり
- 3 小松菜のじゃこ和え
- 4 みかん
- 5 ヨーグルトドリンク

969kcal

〈強化したい栄養素〉

■炭水化物	180.1g
■ビタミンB_1	0.35mg
■ビタミンC	52mg

夕食

じゃがいもや春雨など炭水化物（糖質）のおかずを多めに

炭水化物（糖質）をエネルギーとして燃焼させるにはビタミンB群が必要。白米にはビタミン強化米を加えたり玄米や胚芽米なども◎。 手軽なビタミン・ミネラルのサプリメントも有効。

- 1 ごはん（ビタミン強化米入り）
- 1 2 3 肉じゃが
- 1 3 春雨サラダ
- 3 ほうれんそうのおひたし
- 2 アサリのみそ汁
- 4 5 ヨーグルト（いちご）

1,006kcal

〈強化したい栄養素〉

■炭水化物	178.0g
■ビタミンB_1	2.16mg
■ビタミンC	166mg

※総合ビタミン、ミネラルのサプリメントをプラスするとなおよい

Menu

レース２日前の食事

２日前の食事も、３日前と同様に炭水化物（糖質）中心のメニューを心がけましょう。

人によっては緊張で消化機能の働きが悪くなり、胃の不快感や食欲の低下、また食べ慣れたものなのにお腹が緩くなったりする場合もあります。この時期、油っこいものや強い香辛料など、胃の負担になるものは避け、消化のよいものを食べるようにしましょう。

1日の総エネルギー量	3,431kcal
〈強化したい栄養素〉	
炭水化物	608.8g
ビタミンB_1	3.87mg
ビタミンC	410mg
〈エネルギー比率〉	
たんぱく質	14%
脂質	16%
炭水化物	70%

間食

あんぱん1個・バナナ1本
362kcal　炭水化物76.2g

朝食

定番の「和定食」にはさつまいもと甘い果物をプラス

「朝はやっぱりごはん」という和食派の定番メニューに、さつまいもや甘い果物で炭水化物（糖質）とビタミンCを強化。

- 1 ごはん（ビタミン強化米入り）
- 2 鮭の塩焼き
- 2 納豆
- 3 ミニサラダ
- 1 さつまいものレモン煮
- 4 ぶどう
- 5 低脂肪乳

951kcal	
〈強化したい栄養素〉	
炭水化物	155.9g
ビタミンB_1	2.20mg
ビタミンC	102mg

※総合ビタミン、ミネラルのサプリメントをプラスするとなおよい

1 主食　2 おかず　3 野菜　4 果物　5 乳製品

Menu

昼食　トマトソースは消化もよくレース前向きの勝負パスタ

パスタもグリコーゲンローディング定番メニューのひとつ。レース前は油脂を控えたシンプルなソースが鉄則。パンにはジャムやはちみつを添えて。コーンやかぼちゃもおすすめ。

- 1 パスタ(トマトソース)
- 1 パン
- 3 かぼちゃのサラダ
- 1 5 コーンスープ
- 4 果汁100%オレンジジュース

888kcal

〈強化したい栄養素〉

炭水化物	175.2g
ビタミンB_1	0.65mg
ビタミンC	125mg

夕食　炊き込みごはん+マカロニ、じゃがいもで穀類を多めに

主食+マカロニ、じゃがいもなど穀類をいつもよりも多めにする分、おかずは少なめ。肉は脂の少ないもも肉やムネ肉、ささみなどをチョイスし、油の少ない調理法で。

- 1 3 きのこの炊き込みごはん
- 2 鶏もも肉のカリカリソテー
- 3 付け合わせ野菜
- 1 マッシュポテト
- 1 3 マカロニサラダ
- 4 いちご
- 5 ヨーグルトドリンク

1,230kcal

〈強化したい栄養素〉

炭水化物	201.5g
ビタミンB_1	0.89mg
ビタミンC	157mg

※総合ビタミン、ミネラルのサプリメントをプラスするとなおよい

Menu

レース前日の食事

張りきって食べすぎると翌日の消化不良や胃もたれの原因になるので、できるだけ消化のよいものを適量食べましょう。早朝レースの場合は夕食は早めにし、早めに寝ましょう。

●レース前日の食事のポイント
①主食と果物中心の食事をする
「栄養フルコース型」の食事
主食と果物をメインに
②肉は控え消化のよいメニューを
③油っこいものは控える
④生ものは食べない
⑤腸内にガスのたまりやすい
根菜類は控える
⑥食べ慣れているものを食べる

間食

カステラ2切れ・紅茶
333kcal　炭水化物66.4g

1日の総エネルギー量	3,350kcal
〈強化したい栄養素〉	
■炭水化物	594.1g
■ビタミンB_1	2.43mg
■ビタミンC	504mg
〈エネルギー比率〉	
■たんぱく質	12%
■脂質	17%
■炭水化物	71%

Menu

朝食

バナナ入りパンケーキにメープルシロップをたっぷり

パンケーキにバナナをつぶして加え、メープルシロップをたっぷりかけてエネルギーを満タンに。じゃがいもはスライスしてソテーに。カフェオレにも砂糖を加えいつもよりも甘めに。

1 4 バナナのパンケーキ
2 ボイルソーセージ
1 じゃがいもソテー
3 トマト
4 オレンジ
5 カフェオレ

918kcal	
〈強化したい栄養素〉	
■炭水化物	152.0g
■ビタミンB_1	1.04mg
■ビタミンC	144mg

※総合ビタミン、ミネラルのサプリメントをプラスするとなおよい

1 主食　2 おかず　3 野菜　4 果物　5 乳製品

昼食

外食でも選びやすい「丼もの」「麺」のセットメニュー

昼は外食のケースが多い、という場合は「丼もの」と「麺類」のセットを選んでグリコーゲンローディング。果物がそろわない場合は果汁100%ジュースを後からプラスして。

- 1 2 親子丼
- 1 ミニそば
- 3 ほうれんそうのゴマ和え
- 4 果汁100%オレンジジュース
- 5 ヨーグルト

1,029kcal

〈強化したい栄養素〉

■炭水化物	171.5g
■ビタミンB_1	0.50mg
■ビタミンC	104mg

夕食

「うどん」+「餅」+「かやくごはん」でガソリン満タン

レース前日の夕食は、消化がよく、食べ慣れたものがベスト。炭水化物(糖質)メニューをそろえ、果物や果汁100%ジュースでビタミンCもたっぷり摂っておこう。

- 1 2 力うどん
- 1 3 かやくごはん
- 3 かぼちゃの煮物
- 4 オレンジ、キウイフルーツ、いちご
- 4 果汁100%オレンジジュース

1,070kcal

〈強化したい栄養素〉

■炭水化物	204.2g
■ビタミンB_1	0.86mg
■ビタミンC	256mg

※総合ビタミン、ミネラルのサプリメントをプラスするとなおよい

レース当日の朝食

朝食はスタートの3時間前までに

さあ、いよいよレース当日です。スタート時間を確認したら、そこから逆算して起床時間、朝食時間などのスケジュールを決めましょう。

ここではレースのスタート時間を朝9時と想定してシミュレーションしてみます。

まず、朝食はレース3~4時間前に食べることをおすすめします。朝の5時から6時の間に済ませましょう。朝食は最低でも3時間前には済ませておきたいところです。それより後になってしまうと、消化に十分な時間がとれない可能性があります。胃の中に未消化の食べ物があるまま走り始めると、不快感が生じることがあるので注意しましょう。

3~4時間前に朝食を済ませておけば、レース開始時には食べ物は消化吸収されています。ランニングに必要な栄養がカラダの中でスタンバイしている状態です。その一方で胃の中はからっぽなので、カラダは軽く、走るのに最適なコンディションになっています。

レース当日の朝食は、和食でも洋食でもかまいません。炭水化物（糖質）中心のメニューにして、おかずはほんの少量にすることが基本です。うどんや果物など、あくまでも消化のよい食品を摂るよう心がけましょう。

洋食派の人はちょっとした注意が必要です。パンを食べるときはバターなどを使わず、はちみつやジャムを利用しましょう。脂肪の多い食品は、消化に時間がかかるので、低脂肪の食品を心がけてください。また、食物繊維の多い野菜サラダより、糖質が効率的に摂れる果物がおすすめです。ビタミンやミネラルが簡単に摂れるシリアルを摂ったり、飲み物はオレンジジュースなど果汁100％ジュースなどを飲むのもよいでしょう。

おすすめメニューは左ページを参考にしてください。

レース当日の朝食

レースが午前中にスタートする場合、朝食は３時間前までに済ませましょう。食事時間からスタートまでの時間が短いと、レース中に腹痛を起すことも。メニューは主食（ごはん・パン・うどん・もち）＋果物を基本にし、消化のよいものを食べるようにしましょう。食べる量は腹八分目を目安に。

和食派のポイント

1 小分けにしたおにぎりがおすすめ
2 おもちは腹もちがよい
3 おかずは少なめに
4 みかんや果汁100%オレンジジュースでビタミン補給を

洋食派のポイント

1 パンにはバターでなく、ジャムやはちみつをたっぷりと
2 デニッシュやクロワッサンなどは脂質が多く消化に時間がかかるので控えて
3 手軽に食べられるシリアルやバナナもおすすめ

泊まりがけでレースに参加する場合は、宿泊先で上記のようなメニューを出してもらえるかあらかじめ確認を。ホテルの朝食はビュッフェ形式が多いので、上記のメニューを組み立てやすい。宿泊先で提供してもらうのが難しければ、前日にコンビニなどで買いそろえておこう。

Let's RUN!

朝食からレース直前までの流れ

レース1時間前は糖質補給を

レースの3～4時間前に前ページのような朝食を摂れば、レースに向けた栄養補給はひとまず完了です。

といっても、そのまま何も口にせずにレースに参加するわけではありません。レース1時間前には補食を摂り入れることが、ランナーにとっての重要な栄養戦略となります。

また、朝食が十分に食べられなかったというケースも多々あるでしょう。でも、落ち着いてください。エネルギー不足に陥ってしまうのでは、と焦ることはありません。そんなときは、レースがスタートする1時間前のタイミングでしっかり栄養補給を行えばよいのです。ただし、ごはんやパンのような固形物は時間的に消化吸収が間に合わないので、即、カラダに取り入れられる食品を利用しましょう。

糖質が豊富で吸収しやすいサプリメントやフルーツなど、胃に負担の少ない糖質食品を摂るとよいでしょう。

会場ではこまめに水分補給 サプリメントを活用しても

レース会場に到着したら、こまめに水分補給することも忘れずに。緊張しているときは、一度にたくさん水分を摂っても吸収されません。ミネラル（電解質）が含まれたスポーツドリンクを一気に飲むのではなく、少量ずつ口にすることがポイントです。

さらに万全を期すなら、レース30分前にアミノ酸系サプリメントを利用する方法もあります。脂肪燃焼に働きかけるアミノ酸や、ＢＣＡＡ、ペプチドなど、長時間の運動による疲労を軽減してくれるサプリメントを補給しておけば、レース後半の疲労の予防につながります。

これでレース前の栄養補給は準備万端です。後は、レースのスタートを待つだけ！

レース当日のエネルギー戦略

レース３～４時間前

朝食

・おにぎり
・力うどん
・カステラ
・はちみつトースト　など

消化のよい主食系の食品

朝食が食べられない人のメニュー

早朝などの理由で朝食が摂れない場合は、あらかじめ簡単に食べられるものを用意しておこう

・おにぎり
・パン
・カステラ
・だんご
・フルーツ
・果汁100%ジュース
・エネルギーゼリー
・エネルギーバー

１時間前

・バナナ
・カステラ
・エネルギーゼリー
・ビタミンタブ

30分前

・アミノ酸系サプリメント
・エネルギードリンク
・スポーツドリンク

レース START!!

スタート前は、胃の中は空っぽ、エネルギー満タン状態がベスト!

レース中のエネルギー補給

糖質補給がスタミナ維持のカギ

ここまで繰り返してきたように、記録を伸ばすために、トレーニングやカラダのケア以外にできることがあるとしたら、それはエネルギー補給です。

「走るためのカラダ」づくりから始まり、レース前のウエイトコントロール、グリコーゲンローディング、そしてレース直前までのエネルギー補給。ここまで押さえておけば備えは万全。といっても、レース直前まですべてが終わったわけではありません。レース中のエネルギー補給にも力を注ぐことで、記録を伸ばす可能性が広がります。

もちろん、レース中に必要なのは、速く走るためのエネルギー源になる糖質です。おにぎりなどの固形物では消化に時間がかかり、すぐにエネルギーにはなりません。できれば、スムーズに吸収されるエネルギー系のリキッドやジェルなどを活用しましょう。

吸収速度の速い マルトデキストリンが最適

糖質補給のタイミングは、後半きつくなる手前の20㎞、30㎞地点がよいでしょう。「35㎞の壁」といいますが、早い人では30㎞地点から足が重くなるので、折り返し地点を目安にエネルギーを補給しましょう。

現在、エネルギー補給用のサプリメントにはさまざまなものがありますが、なかでもレース中のエネルギー補給におすすめなのは、マルトデキストリンを主原料にしたもの。マルトデキストリンはグルコース（ブドウ糖）が5〜10分子ほど結合したものです。グルコース単体に比べ、一度により多くの糖質を素早く吸収できることがメリットです。

また、即効性のある糖質としてブドウ糖のタブレットを用意し、レース中こまめに摂取する方法もあります。

糖質の分類と吸収時間

分解されると、分子量が小さくなる！

分解	構造	特徴	吸収時間
デンプン	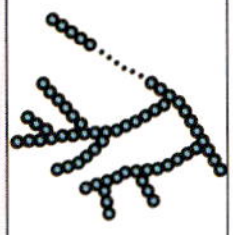	分子量が大きいため消化に時間がかかる	約120～150分
デキストリン		デンプンを部分的に分解したもの。分解度が高くないので、消化に時間がかかる	
マルトデキストリン	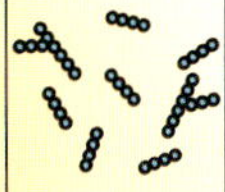	デキストリンより分解が進んだ糖質。吸収が速く量も摂れるのが特徴。	約15～30分
ブドウ糖		糖質の最少単位のひとつ。脳のエネルギーとして役立つ	約5～10分

おにぎりなどのデンプンは、分子量が大きいため消化に2～2.5時間かかる。量が摂れて消化も速い「マルトデキストリン」でつくられたサプリメントが、レース中のエネルギー補給には最適

レース中の水分補給

スタート前から十分な水分補給を

まずは、スタート前の水分補給。スタート地点に立つ前に、数回に分けて水分を補給することで、レース時の脱水を防ぐことができます。スタートの30分くらい前までに、250～500㎖の水分の補給が目安です。

気象条件やレースペースに応じて水分の補給を

国内のフルマラソンのコース上には、少なくとも5㎞ごとを目安に給水所が設置されています。運動時は、15～30分ごとに一度の水分補給をするのが目安。レースのときは給水所ごとに必ず水分補給をすることが最後まで元気に走り抜くための重要なポイントです。

しかし、ランナーのレースペースやコンディションによっては30分以上も水分を補給できないケースも考えられます。たとえば、1㎞を4分のイーブンペースで走るランナーは5㎞を20分、10㎞を40分、42・195㎞を2時間48分で完走する計算になるのですが、1㎞を7分のイーブンペースで走るランナーは、5㎞を35分、10㎞を1時間10分、42・195㎞を4時間55分で走ることになります。フルマラソンを4時間以上かけて走るランナーの場合は、給水所だけでは水分補給が追いつかないケースも考えられるのです。

また、気温や湿度が高く、水分を欲して次の給水所まで我慢できないというケースもあります。時間をかけて走るランナーは、ドリンクホルダーを用意してマイボトルを持参したり、万が一のときは自動販売機でドリンクが購入できるよう小銭を持って走りましょう。

コース上には、水を含ませたスポンジが用意されているレースもあります。夏場のレースや気温の高いレースの場合は、紙コップからの補給だけでなく、頭から水をかけたり、スポンジを利用して皮膚の表面からカラダを冷やすなど飲水以外の方法も有効です。

レース中は適切なスポーツドリンクを

レース中は、吸収速度が速く、発汗で失われたミネラル（電解質）と、血糖値の維持に必要な糖質を含んでいるスポーツドリンクが最適です。運動時は水分の吸収効率を考えると糖濃度2.5％が最適ですが、大会で提供されているふつうの甘さのスポーツドリンクは糖濃度が5～6％くらいに設計されているものも多いため、甘さの強いものは、水と合わせて飲むようにするとよいでしょう。

ミニ知識

「低ナトリウム血症」に気をつけよう！

レース中、とくに気をつけたいのが「低ナトリウム血症（水中毒）」です。大量の発汗などで水分と同時にミネラル（電解質）が失われ、体液が薄まった状態の中に大量の水だけが補給されてしまうと、体内のナトリウム濃度がさらに薄まり、「低ナトリウム血症」を引き起こす可能性があります。ナトリウムは細胞の水分バランスの維持や神経伝達、筋肉の収縮などにも関わるため、筋肉の働きに異常が起こり、大幅にペースダウンしてしまいます。

炎天下でのレースや湿度が高い日のレースには、塩あめなどを持参するなどの対策も有効です。

レース中の水分補給のポイント

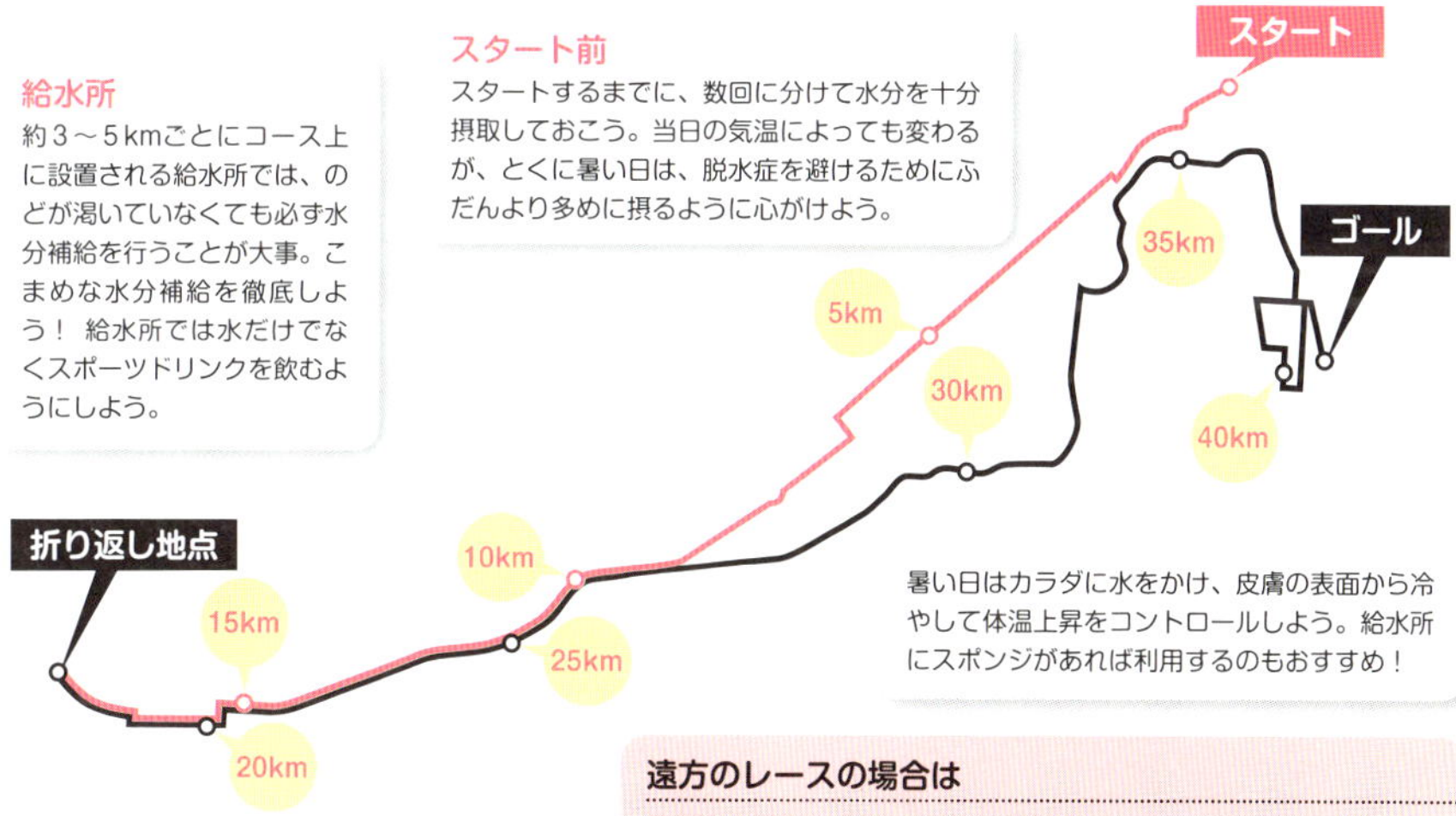

給水所
約3～5kmごとにコース上に設置される給水所では、のどが渇いていなくても必ず水分補給を行うことが大事。こまめな水分補給を徹底しよう！ 給水所では水だけでなくスポーツドリンクを飲むようにしよう。

スタート前
スタートするまでに、数回に分けて水分を十分摂取しておこう。当日の気温によっても変わるが、とくに暑い日は、脱水症を避けるためにふだんより多めに摂るように心がけよう。

暑い日はカラダに水をかけ、皮膚の表面から冷やして体温上昇をコントロールしよう。給水所にスポンジがあれば利用するのもおすすめ！

遠方のレースの場合は
飛行機・新幹線・ホテルは空気が乾燥している。運動していなくても呼吸や皮膚から水分は出ていくので、こまめな水分補給を心がけよう。

レース直後の栄養補給

肝心なのはゴール直後の栄養補給

長丁場を制して、いよいよゴールの瞬間を迎えました。このときの感動には格別なものがあります。

エネルギーを使いきった状態でヨタヨタ歩きながらボランティアにタオルをもらい、まずは荷物置き場へ。そこで荷物を取って、着替え、会場に向かいます。

全身疲れきって何もかもがスローモーションでの動きとなるため、ここまでの道のりは意外に長く感じることでしょう。その後も仲間との感動の再会、記念撮影など、やることがたくさん。あっという間に1時間くらいが過ぎてしまいます。

しかし、レースを終えたランナーのカラダを放っておいては、ダメージが進んでいく一方。一刻も早くそれを止め、回復させなくてはなりません。

回復のための重要なポイントは、レース直後の①水分補給、②栄養補給です。

①水分補給

何よりもまず第一に、水分補給です。カラダが渇ききった状態ではどんなに栄養を補給しても、筋肉や血液にたどり着きません。途中、何度か給水所で水分を補給していても、カラダは水分不足になっています。ゴール後はなるべく速やかに水分補給しましょう。レース中と同じく、電解質が入ったスポーツドリンクがベストです。

②栄養補給

レース後のリカバリーを早めるためには、消費した筋グリコーゲンの回復と、ダメージを受けた筋肉の修復を促すことが重要です。そのためのワンクッション(栄養刺激)として理想は、レース後できるだけ速やかに(目安は30分以内)、体重1kgあたり1gの炭水化物(糖質)を確保すること。このタイミングが遅れると、後でどんなに頑張って栄養を入れても手遅れに。またこのとき、たんぱく質を同時に摂取(炭水化物:たんぱく質=3:1)できるとさらに回復が早まり理想的です。

リカバリーには炭水化物（糖質）とたんぱく質

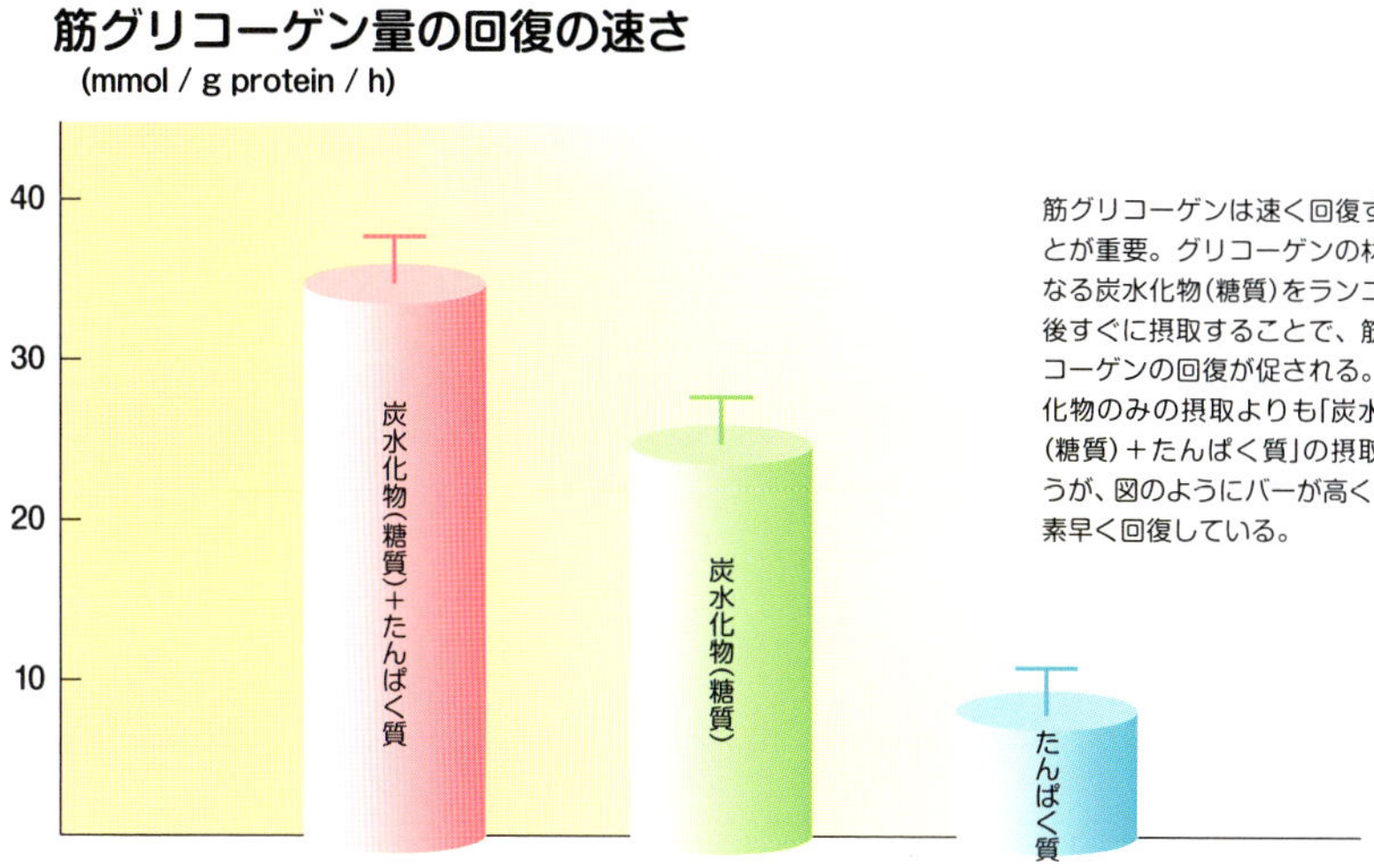

筋グリコーゲンは速く回復することが重要。グリコーゲンの材料となる炭水化物（糖質）をランニング後すぐに摂取することで、筋グリコーゲンの回復が促される。炭水化物のみの摂取よりも「炭水化物（糖質）＋たんぱく質」の摂取のほうが、図のようにバーが高くなり、素早く回復している。

(Zawadzki KM,. J Appl Physiol. 72: 1854-1859, 1992)より改変

炭水化物（糖質）単独よりもたんぱく質を一緒に摂取したほうが、
筋グリコーゲン量の回復が速い。
このときの比率は炭水化物（糖質）:たんぱく質＝3:1が理想。

POINT

炭水化物（糖質）
＋
たんぱく質

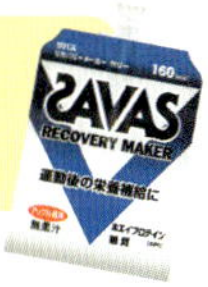

↓

筋グリコーゲン回復

運動後30分以内の炭水化物（糖質）＋たんぱく質で、
ダメージ修復を

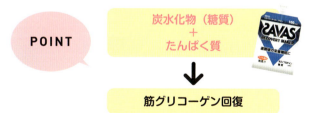

レース後の食事のポイント

レース後の食事でダメージを修復

レース直後の栄養補給が完了しても、それで終わりではありません。当日のその後の食事についても、ふだん以上の気配りが必要です。

フルマラソン完走ともなれば２０００〜３０００ｋｃａｌと、ふだん生活しているおよそ1日分の大量のエネルギーを消費しています。カラダは自然に食べ物を欲しますが、やみくもに量を食べるだけでなく、食事の中身も考慮してください。ダメージを受けたカラダの修復を促し、消費したエネルギーを効率よく取り戻せる食事を心がけましょう。

具体的には、やはり「栄養フルコース型」の食事がおすすめです。ごはん、うどんなどの主食に、肉や魚、豆腐などたんぱく質のおかず、野菜、果物、乳製品をしっかり摂りましょう。

レース後しばらくは、食欲がないこともあるかもしれません。そんなときは補食としてバナナやうどん、ゼリーなど食べやすいものでつないでおいてから、本格的な食事にしてもよいでしょう。

レース後の食事は、次の3つがポイントです。

①エネルギーを確保すること

②消化吸収のよいものを食べること

③十分なたんぱく質を確保すること

とくに、脚を中心に筋肉はかなりのダメージを受けています。翌日の筋肉痛を軽減させるためにも、肉や魚、豆腐、卵などのたんぱく質のおかずをいつもより多めに食べるようにしましょう。

ゴール後は内臓も疲労困憊 カラダに優しいメニュー選びを

フルマラソンを走りきった後は、筋肉同様に内臓もかなりのダメージを受けています。揚げ物、味の濃いもの、油っこいものなど胃にたまりやすく消化に時間がかかる食べ物は、マラソン完走後の内臓にはかなりヘビー。できるだけ内臓に優しい、消化しやすい料理を選ぶよう心がけましょう。

秋から冬にかけてのシーズンであれば、胃にも優しく一度にたくさんの食材が摂れる鍋料理などがおすすめです。胃が疲れていれば、シメは雑炊やうどんなどにするとよいでしょう。

就寝前にはサプリメントやプロテインを

日頃、サプリメントやプロテインを愛用している人は、疲労回復を促すものをレース当日の夜、寝る前に飲んでもよいでしょう。ダメージを受けたカラダの修復を早めてくれます。

ただし、疲れたからといって摂りすぎたり、飲み慣れていない人が利用するのは避けましょう。疲労のたまったカラダにふだんと異なる刺激を与えるのはおすすめできません。自分のカラダに合うことが経験でわかっているものを利用しましょう。

レース後の食事のポイント

①「栄養フルコース型」の食事

②胃に負担の少ない消化のよい食事

フルマラソンで疲労したカラダのために、栄養補給を！

Let's RUN!

食事と睡眠でカラダをメンテナンス

レース後はふだん以上の栄養と休養を

42・195㎞の距離を走り続けることは、カラダにとって想像以上の過酷な作業。一過性の強い身体的なストレスがかかってくると考えてください。ただ完走を目指すだけでなく、記録の更新を狙うような市民ランナーであれば、なおさらです。

カラダに強いストレスがかかった結果、一時的に免疫力が低下し、カゼをひきやすくなったり、コンディションが低下しやすい状態になることもあります。つまり、ふだんのトレーニング時以上に栄養と休養に気を配り、カラダをいたわってあげる必要が出てくるのです。

また、2時間以上、人によっては6時間近く収縮を繰り返した筋肉の疲労は、レース当日だけでなく翌日以降も続くことになります。筋肉の修復のためには、最低でも3日後までは食事の中身にもいつも以上に気をつかいましょう。基本は「栄養フルコース型」の食事ですが、とくに筋肉の材料となるたんぱく質の確保に努めることがポイントです。

早めの就寝で筋肉の回復を促す

しっかり「栄養」を摂った後は、「休養」です。筋肉やそのほかの組織が修復されやすいのは、就寝から1〜2時間後。もっとも睡眠が深くなる時間帯で、カラダを修復するための成長ホルモンが盛んに分泌されるのです。ふだんは夜更かししている人も、レース当日の夜は早めの就寝で規則正しい睡眠のリズムをつくり、正常なホルモン分泌を促しましょう。

このように、レース後は、適切な栄養補給で筋肉の材料をカラダに取り入れ、早めに休むことが大切です。たっぷり睡眠を取って筋肉の修復を促し、疲労回復につなげていきましょう。

レース後の栄養戦略

レース直後～30分以内

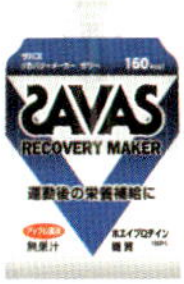

果汁 100%ジュース
ヨーグルト
ゼリードリンク
プロテイン　など

レース後２時間以内

おにぎり
サンドイッチ
果物
豚汁
など

レース後の食事（夕食）

「栄養フルコース型」の食事
胃に負担の少ない消化のよい食事

就寝前

アミノ酸系サプリメント
プロテイン　など

早めの就寝を！

レース実践アドバイス（番外編）

確認しておこう!!

レース前日の受付手続	大会によって異なりますが、フルマラソンの場合には前日受付が多くなっています。レース当日は何かと忙しいので、前日にできるだけのことはやっておきましょう。
レース前日の外食	栄養面では前述したように炭水化物（糖質）中心の食事が基本ですが、遠方のレースに泊まりがけで参加する場合は外食になり、メニュー選びに迷うかもしれません。自宅でも外食でも考え方は一緒。注意点として生ものや油っこいものは避けましょう。
宿泊先近くの飲食店をチェック	宿泊先の近くにパスタ・うどんが選べる飲食店があるかどうか、事前にチェックしておくとよいでしょう。翌日に向けてビールで乾杯、といきたいところかもしれませんが、できるだけ我慢しましょう。間違っても飲みすぎはいけません！
事前の給水ポイントチェック	前日受付が済んだら、プログラムに目を通しておきましょう。とくに大事なのが給水地点などエイドステーションの情報。大会によって、バナナなどの補食ポイントはほとんどなく、水分補給のみというところもあれば、チョコレートやあめなどの補食が充実している大会もあります。補食のない場合は、事前にサプリメントなどを用意してレース中に携帯しておきましょう。
レース前夜の就寝	翌日に備えて、できるだけ早く就寝しましょう。とはいえ、ふだん眠りにつくことがないような早い時間帯だと、翌日への緊張もあって寝つけないこともあるかもしれません。でも焦る必要はありません。眠れなくても横になってカラダを休めるだけで十分と考えて、リラックスしましょう。
レース当日のトイレ	レース当日の現実的な問題として「トイレ大渋滞」があります。レース前には水分補給が必要なのに、緊張感から頻繁にトイレに行きたくなってしまうこともしばしばあります。対策としては、コーヒーやお茶など利尿作用のある飲み物を避ける、レース前にも水ではなくミネラル（電解質）の入った飲料を飲むようにして水分の排出作用をできるだけ抑えるなど。トイレ渋滞も想定し、余裕をもった行動をしておきましょう。
レース中の水分補給	最近では多くの大会で「水分補給」が追いつかないということが起きています。スペシャルドリンクがある招待選手やエリートランナーでは生じない問題ですが、後続のランナーほど、コップの奪い合い、ほかランナーとの接触など、給水地点でのトラブルが発生しやすくなります。気温が高い日などは大会側が提供する水分が早々になくなってしまうこともあり、そんなときは沿道の自販機でドリンクを入手するしかありません。そのためには500円玉１枚でもよいのでポケットに忍ばせておきましょう。万が一の備えが役に立つかもしれません。

海外のマラソン大会事情

環境に応じた事前対策を

海外レースでは時差、気象条件、食事環境など日本のレースとは環境が異なるため、レースの特徴や状況に応じた事前対策が必要です。エネルギー補給に適したおにぎりなどの入手が困難だったり、食べたいものを食べられる飲食店探しにもひと苦労。代わりによく目につくのが、ヘビーなステーキやハンバーガー、チーズたっぷりのピザなど、レース前には不向きなメニューを扱う店です。

なるべく出発前に、宿泊先のホテル周辺の状況を確認しておきましょう。もし、外食がうまく摂れそうもないときは、日本からパックごはんやレトルト食品、カップうどんなどを持参するのも対策のひとつです。

早朝レースの場合は前日の夕食がカギ

海外マラソンはスタート時間が早いレースが少なくありません。ゆっくり朝食の時間を持てなかったり、3時間前のエネルギー補給が現実的に難しい場合もあります。日本とは違ってコンビニなどが少ないため、事前に食べるものを用意しておくことも忘れずに。

また、早朝レースの場合は、朝食ではなく、前日の夕食がカギとなります。前日の夕食を最後のグリコーゲンローディングのタイミングと思って、しっかり食べましょう。夕食はできるだけ早め、午後6時ごろまでには済ませておき、翌日のために早めに休んでください。

補食の準備も必要です。大会にもよりますが、レース中のエイドステーションにバナナなどの補食が十分用意されていないケースが多いようです。レース中のエネルギー補給源になる食品は最後まで元気に走りきるための重要アイテムのひとつ。エネルギー切れを防ぐためにも、日本からエネルギー系のゼリードリンクや糖質のジェルなどを多めに持参していきましょう。

ホノルルマラソンのタイムスケジュール

ホノルルマラソン

グリコーゲンローディングに適したメニューがある店が見つからない!
そんなときのためにゼリーかジェルを持参して!

●レース前日

17:00 夕食 ……… 当日の朝しっかり食べるのは難しいので、前日の夕食がレース前最後の食事と考え、しっかりエネルギーを蓄える

21:00 就寝 ……… 翌日に備え、早めに就寝する

朝食をしっかり食べられないこともあり、とくに完走に5～6時間かかるランナーはレース後半にガス欠になりやすい!

●レース当日

2:30 起床 ……… 早朝のため、朝食をしっかり食べるのは難しい。
おにぎり、カステラ、バナナなど補食をフル活用し、エネルギーを蓄える

4:00 スタート地点へ スタートにつくギリギリまで補食やゼリーを摂る

5:00 スタート … 糖質補給用のジェルを持って走り出し、ダメ押しのエネルギー補給!

レース中 … エイドステーションには補食がないため、ジェルを多めに持って走る

ホノルルマラソンのコースマップ

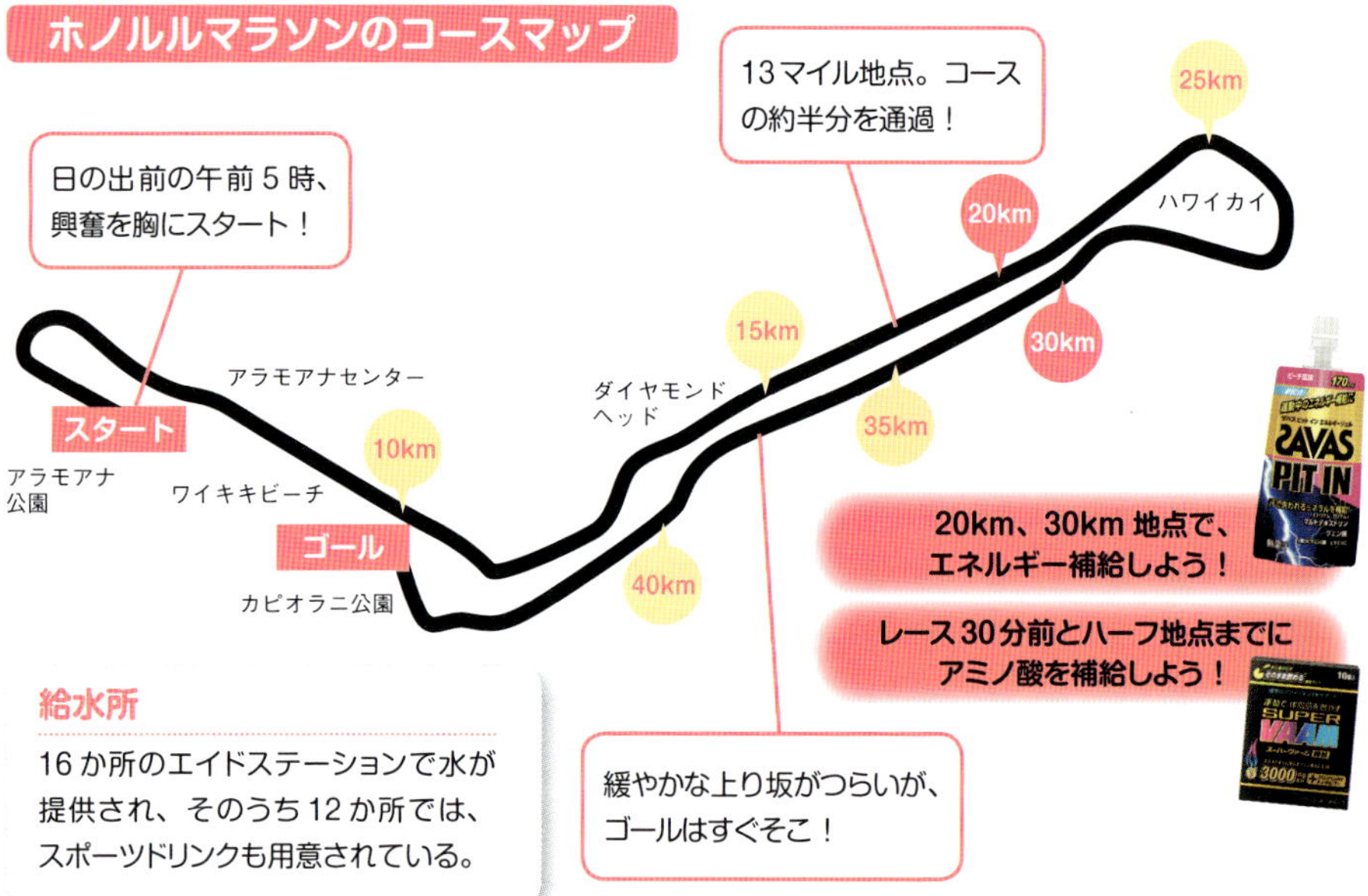

給水所

16か所のエイドステーションで水が提供され、そのうち12か所では、スポーツドリンクも用意されている。

市民ランナーの成功事例

自己記録を1時間以上更新！

私が栄養サポートを行ったケースのなかから、たった5ヶ月で自己記録を1時間10分更新し、8kgの減量に成功したOLランナーの事例をご紹介しましょう。

阿部久美子さんは、過去4回マラソン大会に出場していましたが、自己ベストは5時間3分8秒。それまではどちらかというと、お楽しみジョガーといった感じで参加していたようです。ところが、だんだん走ることが楽しくなってくるにつれ、胸をはって「自分もランナーだ」と言いきれるような、4時間台のタイムで走りたいという目標を持つようになりました。

しかし4時間台で走るには、正直カラダがやや重たい。周囲からも「体重を少し落とさないとケガをしてしまうよ」と言われていました。こうして、食べることが何よりも楽しみ、という彼女にとっては少々過酷なマラソン練習が始まったのです。

栄養サポートのBefore & After

	サポート前	サポート後（5ヶ月後）
フルマラソンタイム	5時間3分8秒 （フル4回完走）	3時間54分11秒 （ニューヨークシティーマラソン） 1時間10分更新
月間走行距離	150km（週3日＋休日）	300km（週6日）
身長／体重／体脂肪率	169cm/64.5kg/26.7%	169cm/56.8kg/19.2%
食事	好きなときに好きなものを好きなだけ	「栄養フルコース型」の食事を3食規則正しく

栄養サポート後のタイムは3時間台と、自己ベストを1時間以上も更新。体重は約8kg、体脂肪率は7.5%減！

市民ランナー
阿部久美子さん

「走るための楽しい食事」に切り替えて

彼女の本格的なトレーニングと減量がスタートするにあたり、私が最初に行ったことは食事調査です。3日間の食事記録から栄養状態をチェックし、改善点を挙げました。「好きなものを好きなときに好きなだけ」、といったこれまでの食生活を、「走るための楽しい食事に切り替える」という合言葉で栄養改善に取り組んだのです。

改善のポイントは、次の通りです。

①朝食のボリュームアップ。 彼女の場合は朝に走ることが多かったので、朝食でのたんぱく質摂取や練習後のプロテイン摂取をすすめました。

②腹八分目。 夜は食べすぎてしまうことが多いという彼女に腹八分目の量を心がけるようアドバイス。もちろん「栄養フルコース型」の食事がベースです。

③夕食前のプロテイン。 食前のプロテインで満腹感が得られ、その後の食事をコントロールしやすくなります。

④鉄分強化。 走る量が少しずつ増えていったので貧血にならないように、レバーやひじきなどの海藻類、色の濃い野菜などを取り入れるようアドバイス。

⑤油っこいもの、糖分の摂りすぎ注意。 揚げ物、甘いもの、清涼飲料水や缶コーヒー、大好きなビールの飲みすぎを控えるようすすめました。

体重が落ちない不安と焦り しかし、継続は力なり

サポート開始から2ヶ月が経った頃、彼女は体重があまり落ちないことへの不安と焦りを感じていました。毎日の食事内容を見てあげることができればよいのですが、なかなかそうもいきません。そこで、問題点、改善点をチェックするために、ふたつの方法を提案しました。

①「食事日記&行動記録表」

練習時間や練習内容、食事時間を3ヶ月間毎日記録し、1週ごとにメールで送ってもらいました。これをもとに、改善点をアドバイスしていったのです。

②「栄養フルコース型」の食事チェックシート

「栄養フルコース型」の食事の実践を確認し、意識するためのチェックシートです。食べたものを①～⑤に振り分けることで、何を摂れていないかがわかります。

食事日記&行動記録を3ヶ月継続!

		○月1日(金)		○月2日(土)
日付		○月1日(金)		○月2日(土)
体重		60.9kg		61.1kg
体脂肪		22.5%		24.4%
走行距離		11.5km		10.0km
練習内容		60-90分jog		10km T.T
	行動	食事	行動	食事
	起床	パワーアミノ2500、エナジーアップタブ		
6	練習			
7		アクアプロテイン		
	朝食	玄米食パン、サラダ、生ハム、オレンジ、キウイ、無脂肪ヨーグルト、バナナ		
8			起床	
	仕事		朝食	ずんだもち、無脂肪ヨーグルト、バナナ、オレンジ、キウイ、
9				豆もやしとピーマン蒸し、目玉焼き、パワーアミノ2500
12	昼食	野沢菜おやき、玄米おにぎり、みそ汁、野菜ジュース、サラダ、納豆、		
		オレンジ、無脂肪乳、Feタブ		
13	仕事		昼食	お茶漬け、冷やし中華、焼き鶏、海藻サラダ、巨峰、Feタブ
16				パワーアミノ2500、エナジーアップタブ
			練習	
17				
				パワーアミノ2500、ウエイトダウンプロテイン
18	夕食	アサリとキャベツのパスタ、海藻サラダ、無脂肪乳、野菜ジュース		
19				
	ジム			
20			夕食	寿司、海藻豆腐、つみれ汁、イワシの白焼き、オレンジ、無脂肪乳
21				
		焼き鶏、無脂肪乳、巨峰		
22				
			筋トレ	
23				
	筋トレ			パワーアミノ2500
24		パワーアミノ2500		
	就寝	就寝	就寝	

point ①
毎日の体重・体脂肪・走行距離を記入

point ②
行動・食事を記録することで食事内容・時間・バランスをチェック!

point ③
練習後にプロテインを摂取してリカバリー

「栄養フルコース型」の食事チェックシートを3ヶ月継続!

		①主食	②おかず	③野菜	④果物	⑤乳製品	サプリ
○月1日(金)	朝食	玄米食パン　半分	生ハム　2枚	サラダ　少々	キウイ　半分	無脂肪ヨーグルト　150g	パワーアミノ2500
					オレンジ　1/4個		エナジーアップタブ
					バナナ　半分		アクアプロテイン
	昼食	野沢菜おやき1個	納豆　1パック	野菜ジュース　1本	オレンジ　1個	無脂肪乳　1杯	Feタブ
		玄米おにぎり1個	みそ汁	トマトとレタスのサラダ 少々			
	夕食	アサリとキャベツのパスタ 1人分	焼き鶏　3本	野菜ジュース　1本	巨峰　1/4房	無脂肪乳　2杯	パワーアミノ2500
				海藻サラダ　小鉢1			
○月2日(土)	朝食	ずんだもち　小5個	目玉焼き	豆もやしとピーマン蒸し 少々	バナナ、オレンジ、キウイ 半分	無脂肪ヨーグルト　150g	パワーアミノ2500
	昼食	玄米ごはんのお茶漬け 1人分	焼き鶏　4本	海藻とレタスのサラダ	巨峰　1/4房		Feタブ
		麺(冷やし中華)	卵、ハム(冷やし中華)	きゅうり、トマト(冷やし中華)			パワーアミノ2500
							エナジーアップタブ
	間食						パワーアミノ2500、ウエイトダウンプロテイン
	夕食	寿司　2貫	海藻豆腐			無脂肪乳　1杯	パワーアミノ2500
			つみれ汁　1杯				
			イワシの白焼き　1切れ				

「栄養フルコース型」の食事チェックをつけると、足りないものがよくわかる!

「食べて走って絞る」をついに実現！

月間走行距離を１５０㎞から３００㎞に増やし、それに伴う食事改善を３ヶ月続けた彼女は、見事に結果を出すことに成功しました。

大会の本番、ニューヨークマラソンでのタイムは、なんと目標だった4時間台ではなく、3時間54分11秒。自己ベストから1時間10分も更新するという、まさしく大快挙でした。

私はニューヨークへ出発の日に成田空港へお見送りに行ったのですが、すっかりランナー体型になった彼女のカラダを見て驚きました。同時に、本当にすばらしいと心から嬉しく思ったことは今でも忘れられません。

無理なダイエットではなくしっかり食べることが成功の秘訣

大会後、自己ベストの大幅更新を果たし、スリムなカラダに変身した彼女。

「ストレスを感じることなく、楽しく『栄養フルコース型』の食事を継続できました。カラダが変わって走れるようになったのは、練習後のプロテインのおかげです！」とコメントしてくれました。

栄養サポートした側としては、嬉しい言葉です。ちなみに、５ヶ月間一緒に食事改善につき合ってくれた彼女のお母様まで、ダイエットに成功したそうです。アスリートでなくても、栄養バランスを考えた食事がカラダにとっていかに有効かという証明になるでしょう。

走るためのカラダづくりには、無理な食事制限をするのではなく、栄養のバランスを整え、3食しっかり食べることが大切です。毎食きちんとたんぱく質を確保しておけば、筋力がアップして代謝も高まり、無駄な体脂肪が落ちて、カラダに負担の少ない練習ができるようになります。

逆にしっかり食べていなければ、月間走行距離３００㎞をケガなく乗り越えることは難しかったでしょう。

そして何より、彼女が練習も食事改善もすべて前向きに楽しみながら取り組んだことが、成功の秘訣だったのではないかと思います。

PART

04

目的別の栄養アドバイス

貧血、ケガ、ウエイトコントロール、お酒との付き合い方など、ランナーに多く見られる悩みや課題に合わせて、それぞれの栄養強化のポイント、食事の摂り方を紹介します。一つひとつ課題を克服して、より快適なランニングライフを目指しましょう！

ランナーの大敵、「貧血」を予防する

ランナーは貧血になりやすい

全身に酸素を送り込む能力が高いほど、持久力は優れているといえます。走るためのエネルギーを燃やすには酸素が必要だからです。そして、酸素を全身へ運ぶ重要な役割を担うのが、血液中の色素物質であるヘモグロビンという物質。血液中のヘモグロビン量が減少すると、全身に十分な酸素を送り込むことができないため、スタミナや持久力が低下し、貧血の原因になるといわれています。

ヘモグロビンの必須材料の鉄分が大量の発汗によって失われたり、足裏に強くかかる衝撃によって血管内の赤血球が壊れることなどにより、ランナーは貧血に陥りやすい傾向にあります。

こんな症状があったら あなたは貧血かも

スポーツによって引き起こされる貧血は、主に「鉄欠乏性貧血」。これは、マラソンや長距離ランナーのような運動量の多いスポーツ選手に多くみられます。

鉄欠乏性貧血の自覚症状には、だるい、頭痛、めまい、全身倦怠感、息切れなどがあります。走り始めてすぐに息があがってしまう、スローペースのジョギングや階段の昇り降りがだるい、手足がなまりのように重い。こんな症状に思い当たる人は、貧血の疑いがあります。

鉄欠乏性貧血は、ヘモグロビンの材料である鉄やたんぱく質の摂取が不足しているアスリートや、成長期の長距離ランナー、月経により失血が多い女性ランナーに多くみられます。

食事やサプリメントによる予防が重要

一般的な貧血の判断指標は、血液検査によるヘモグロビン値です。しかし体内の鉄は赤血球中に存在するヘモグロビン以外に、肝臓や脾臓に「貯蔵鉄」として存在しています。順番としては貯蔵鉄から減少し、貯蔵鉄を使いきった後にヘモグロビンが減少していくため、ヘモグロビン値が低下したときはすでに体内の鉄は非常に少ない状態と考えてください。

また、実際に自覚症状を体感するまでには、ある程度時間がかかるので、すぐに貧血と判断できません。そして一度発症すると回復まで時間がかかります。できるだけ早期発見と予防に努めることが大切です。

大事なレースに向けて走り込みをしているランナーや、食が細く貧血になりやすいランナーは、定期的な血液検査をおすすめします。その際、血清鉄やフェリチン（貯蔵鉄）などの検査項目を追加すると、鉄欠乏性貧血も早期に発見しやすくなります。

万が一、貧血を発症した場合には、医師より処方された増血剤を一時的に服用するのもひとつの手段です。ただし、増血剤の長期的な服用は胃腸に負担をかけます。できるだけふだんから鉄・たんぱく質・ビタミンCなどが不足しない食事を心がけ、サプリメントなども利用して、鉄欠乏の予防・改善を図るようにしましょう。

ヘモグロビンが低下したときはすでに貧血

	赤血球	ヘモグロビン	血清鉄	フェリチン
正常	○	○	○	○
軽い予備軍	○	○	○	↓
危険な予備軍	○	○	↓	↓
軽い貧血	↓	↓	↓	↓
貧血	↓	↓	↓	↓

「鉄欠乏性貧血」とは血液中（赤血球）に存在するヘモグロビン量が正常値（※男性14～18g/dl、女性12～16g /dl）以下の状態。

鉄の不足はフェリチンから始まるため、ヘモグロビンが減少したときにはすでに鉄欠乏性貧血が進行した状態。

○ 基準値
↓ 減少

フェリチン・血清鉄の低下： 体内の鉄の貯蔵量（貯金）を表す。ヘモグロビン値が基準値内でもこの値が低い人は要注意！
ヘモグロビン値の低下： 酸素運搬能力が低下。息切れ、持久力の低下に陥り練習が思うようにこなせなくなる

貧血予防の食事

貧血予防の食事として、鉄分が欠乏しているから鉄だけを強化すればよい、というわけではありません。血液中のヘモグロビンの量を減少させないよう、その材料となる鉄とたんぱく質、鉄の吸収を高めるビタミンCを十分に補給することが必要です。

毎日バランスのよい食事を心がけましょう。

比較的吸収率のよいヘム鉄を多く含む動物性食品を摂ると同時に、非ヘム鉄の多い植物性食品も摂りましょう。鉄だけでなく、全体的な栄養バランスを考え、上手に組み合わせて食べることが大切です。

※鉄を多く含む食品：75ページ参照

1日の総エネルギー量　3,072kcal

〈強化したい栄養素〉

■たんぱく質	162.8g
■鉄	33.5mg
■ビタミンC	326mg

Menu

朝食

和食ベースの朝食でたんぱく質・鉄分をたっぷり補給

シシャモ、納豆、卵など食べやすい食品でたんぱく質を強化。鉄分豊富なアサリ、ひじきは貧血予防には欠かせない食品。大根おろしはビタミンCが豊富なおろしたてを。

- 1 胚芽米ごはん
- 2 焼きシシャモ
- 2 3 ひじき入り卵焼き
- 2 納豆
- 3 オクラのおかかじょうゆ
- 2 アサリのみそ汁
- 4 キウイフルーツ、オレンジ
- 4 5 ヨーグルト（ドライフルーツ）

933kcal

〈強化したい栄養素〉

■たんぱく質	44.4g
■鉄	8.6mg
■ビタミンC	67mg

1 主食　2 おかず　3 野菜　4 果物　5 乳製品

昼食

鉄分の宝庫レバーはランナーの強い味方

貧血対策だけでなく走り込みの時期にも積極的に食べたいレバー。鉄の吸収を高めるビタミンCはこまめに摂るのがポイント。甘酸っぱいフルーツやジュースをプラスして!

- 1 ごはん
- 2 3 レバにら炒め
- 2 冷やっこ
- 2 3 野菜入り卵スープ
- 4 果汁100%グレープフルーツジュース
- 5 ヨーグルト

848kcal

〈強化したい栄養素〉

■たんぱく質	36.8g
■鉄	10.8mg
■ビタミンC	143mg

夕食

主役はたんぱく質と鉄分豊富な赤身の肉・魚

肉や魚の赤身にはたんぱく質と吸収のよい鉄分が豊富で、青菜やひじきをプラスすればさらに鉄分強化。枝豆にはほかの大豆には含まれないビタミンCも豊富。

- 1 2 3 ひじきと枝豆の炊き込みごはん
- 2 3 焼肉野菜巻き(みそ)
- 1 2 マグロ山かけ
- 3 青菜のみそ汁
- 4 グレープフルーツ
- 5 低脂肪乳

1,291kcal

〈強化したい栄養素〉

■たんぱく質	81.6g
■鉄	14.1mg
■ビタミンC	116mg

Menu

故障に強い丈夫なカラダづくり

走りすぎに要注意

「走りたいのに、走れない」。ランナーにとって痛みや故障で走れないときほど、つらく不安な日々はありません。

いわゆるランニング障害の原因としてもっとも多いのはオーバーユース、走りすぎです。オーバーユースによって、疲労骨折、シンスプリント（頸骨過労性骨膜炎《けいこつかろうせいこつまくえん》）、腸《ちょう》脛靭帯炎《けいじんたいえん》などが引き起こされてしまいます。

多くのランナーは、痛みを感じていても走れている間はケガという認識がないため、痛みが増してこれ以上走れないというところまで追い込んでしまいがち。これが障害を悪化させる要因となってしまうのです。

十分なウォーミングアップ、クーリングダウンなどのカラダのケアは必要不可欠。正しいシューズ選びやランニングフォームの改善、ときには専門家にアドバイスを求めることも必要かもしれません。

さらに、筋肉、骨、靭帯、腱といった部分を強くして故障しにくい強靭なカラダづくりを目指すには、栄養にも気を配ることが大切です。

ここでは、とくにランナーに多いケガ、「疲労骨折」について解説していきましょう。

カルシウム不足は疲労骨折のもと

「疲労骨折」とは、転倒や交通事故などの1回の大きな衝撃による骨折とは異なり、過度のトレーニングによって骨の同じ場所に繰り返し加わる力によって起こる骨折のことです。針金を何度も曲げ伸ばししているとついには折れてしまう、という現象によく似ています。

要因として考えられるのはオーバーユースですが、ランナーの骨には軽石のようにスカスカでもろくなりやすい条件がそろっていることも見逃せません。

骨の成分の約80%はカルシウム、リンなどの無機質で、残りの20%は大半が皮膚や骨をつなぎとめているたんぱく質の一種、コラーゲンです。体内のカルシウムの99%

は骨に存在し、残りの1％は血液などの体液の中に存在します。この、骨以外の1％のカルシウムが発汗などによって失われると、骨のカルシウムが溶け出して応援にかけつけます。血中カルシウムが低下すれば低下するほど骨のカルシウムがどんどん血液中に動員されるため、骨がもろくなってしまうのです。

練習量の多いランナーは、汗からの損失量が多くなるため、カルシウム不足になりやすいといえます。この状態が続くと、新陳代謝が活発な分、骨代謝のバランスが崩れやすく、スカスカで密度の少ない骨になってしまうのです。

骨は絶えず、骨をつくる「骨形成」と、骨を壊す「骨吸収」といった「骨代謝」を繰り返しています。「骨代謝」にはカルシウムやリン、マグネシウムといったミネラルが重要な働きをしています。とくにカルシウムの少ない骨は衝撃に弱いだけでなく、小さな衝撃の蓄積による疲労骨折の危険性が極めて高くなります。

とくに女性ランナーの場合は要注意。激しいトレーニングに加えて、ウエイトコントロールのための食事制限をすることで女性ホルモンの分泌バランスが乱れ、月経異常をきたすことがあります。カルシウムの吸収や運搬などに関わる女性ホルモンが減少すると、骨がスカスカになる軽石化を招きやすくなってしまいます。急激なダイエットは絶対にやめましょう。

また、骨の成分であるコラーゲンは体内でたんぱく質とビタミンCによって合成されるため、これらの強化も必要です。コラーゲンを多く含む食品としては鶏の手羽先、ふかひれ、魚の煮こごりなどがあります。

ミニ知識

ランナー膝にサプリメントは有効か

ランナーにもっとも多い故障のひとつが膝の痛み。いわゆる「ランナー膝」です。このランナー膝とは別に、加齢による膝への負担の増加で生じる膝のトラブル、「変形性膝関節症」があります。痛みの改善には抗炎症剤の投与など専門医による治療が必要ですが、その他、「コラーゲン」「グルコサミン」「コンドロイチン」といった軟骨に含まれる成分が有効という研究が多く報告されています。

「運動時の膝の痛みも膝関節症に近いと考えれば、ランナーの膝の痛みにも効果があるかもしれない」と期待したいところですが、残念ながらその有効性はまだ研究段階。ただ、「コラーゲン」「グルコサミン」「コンドロイチン」を含むサプリメントは多く販売されており、体感レベルでは効果があったという声も多いのは事実です。

ケガ予防の食事

腸脛靭帯炎などいわゆる「ランナー膝」は膝関節周辺のスポーツ障害で、すべて膝の痛みを伴います。こちらも主因はオーバーユース。膝に負担のかかるフォームや、太ももの筋力不足などが原因になることもあります。膝の痛みにはさまざまな要因が絡み、一概に原因を特定できないケースが少なくありません。痛みの根本的な原因を突き止めることが重要ですが、栄養面を充実させるのは基本中の基本。

積極的に摂りたい主な栄養素は、カルシウム、たんぱく質、コラーゲン、ビタミンCなど。少しでも故障の不安があるランナーは、ぜひ、食卓に以下のメニューを取り入れてみてください。カルシウム、コラーゲンなどのサプリメントの活用も検討しましょう。

※カルシウムを多く含む食品：77ページ参照

1日の総エネルギー量	3,435kcal
〈強化したい栄養素〉	
■たんぱく質	175.8g
■カルシウム	1,661mg
■ビタミンC	303mg

Menu

朝食

忙しい朝は1品を具だくさんにして栄養価アップ

ヘルシーなベーグルにはハムやチーズ、野菜をサンドしてたんぱく質・カルシウム・ビタミン強化。野菜スープにはカルシウムの豊富な大豆を加えて。

- 1 2 3 ベーグルサンド（ハム、チーズ、トマト、レタス）
- 2 3 大豆と野菜のスープ（トマトベース）
- 4 オレンジ
- 5 低脂肪乳

809kcal	
〈強化したい栄養素〉	
■たんぱく質	43.0g
■カルシウム	521mg
■ビタミンC	134mg

1 主食　2 おかず　3 野菜　4 果物　5 乳製品

昼食

大豆製品、シラス、小松菜でカルシウムたっぷり

ごはんには納豆や卵、シラスをONしてたんぱく質とカルシウムを強化。カルシウム豊富な小松菜と厚揚げは相性もバッチリ。手軽で吸収のよいヨーグルトでカルシウムアップ！

- 1 2 シラス納豆丼
- 2 3 小松菜と厚揚げの煮びたし
- 4 果汁100%オレンジジュース
- 5 低脂肪ヨーグルト

885kcal

〈強化したい栄養素〉

■たんぱく質	38.2g
■カルシウム	525mg
■ビタミンC	105mg

夕食

カルシウムと合わせてコラーゲンたっぷりメニューも

大豆と手羽先をじっくり煮込んだ煮物は、たんぱく質・カルシウム以外にもケガの回復や予防に役立つコラーゲンがたっぷり。チヂミには桜エビを加えてカルシウムアップ。

- 1 胚芽米ごはん
- 2 手羽先と大豆の煮物
- 1 2 3 にらと桜エビのチヂミ
- 3 ほうれんそうのおひたし
- 2 3 豆腐とワカメのみそ汁
- 4 グレープフルーツゼリー
- 5 低脂肪乳

1,741kcal

〈強化したい栄養素〉

■たんぱく質	94.6g
■カルシウム	615mg
■ビタミンC	64mg

ランナーのウエイトコントロール

ランニングを併用するメリット

減量をする場合、食事だけで目標を達成しようとするよりも、食事と運動を併用した減量方法のほうが、当然のことながら食事制限のハードルは低くなります。

たとえば、1ヶ月で体脂肪1kgを減量するとしましょう。体脂肪1kg＝約7000kcal、1日あたり230kcalなので、ごはん茶碗約1杯分ということになります。しかし、230kcalの約半分、120kcalを運動でまかなうとすれば、体重60kgなら2kmのランニングを行い、食事のコントロールは110kcalだけマイナスにすればよいわけです。

しかも運動を併用した減量では、筋肉量も維持あるいはプラスにすることができます。基礎代謝が落ちることなく確実にウエイトコントロールができるので、理想的な方法といえます。

110kcalってこんな量

ウエイトコントロールのための食事のポイント

❶ 基本は１日３食、欠食をしない

食事の基本は１日３食。空腹時間を長くしすぎないことが鉄則です。また、１日の摂取エネルギーが2,000kcalなら1,000kcal を２回摂るより、500kcalを４回に分けて摂ったほうが太りにくいといわれています。

❷ ダイエット中でも「栄養フルコース型」の食事

食事量は落としても食事の質はキープすることが重要。そのためには、1主食 2おかず 3野菜 4果物 5乳製品がそろった「栄養フルコース型」の食事を基本とし、高たんぱく質、低脂肪、高ミネラル、高ビタミンの食事を心がけましょう。

❸ 和食中心の食事を心がけて

油やバター、生クリームなど脂質たっぷりの洋食に比べて、和食はヘルシーな調理方法が多く低脂肪です。また、野菜や海藻など食物繊維の多い食材と相性がよいという点でも、ウエイトコントロールの強い味方です。

❹ 見えない油（脂）の摂りすぎに注意

一見それほど油(脂)を使っているようには見えないのに、実は意外と高エネルギー・高脂肪の食品に注意しましょう。デニッシュ系のパンや炒め物などがその代表例です。減量中はメニューを細かくチェックしましょう。

❺ 低カロリー食材を味方につける

野菜、きのこ類、ワカメ、海藻類、こんにゃく、乾物は、低エネルギーでありながら体調を整えるビタミン、ミネラル、食物繊維をたっぷり含む優良食品です。

❻ おいしいものは昼間のうちに

甘いものや好きなものをどうしても食べたいときは、昼間の活動時に食べるようにしましょう。

❼ サプリメントを有効に活用する

減量中の栄養不足をサプリメントで補うのもひとつの方法。たとえば筋肉量を維持し、太りにくいカラダをつくるために、たんぱく質をプロテインで補強するなど。食前に飲むと食欲が抑えられ、エネルギー調整がしやすくなります。

ウエイトコントロールの食事

一時期、炭水化物（糖質）を制限するダイエットが流行り、今も実践している人は多いようです。しかし、このようなダイエットはランナー、とくに記録を目標とするランナーにはおすすめできません。炭水化物（糖質）を制限すると体内の糖エネルギーが減ってしまい、筋肉を分解してまで糖エネルギーをつくろうとする働きが起こるからです。

その結果、ランニングに必要な筋肉まで減って、パフォーマンスにも影響します。もちろん、筋肉が減った分の基礎代謝も下がってしまうので、ダイエットにもマイナスとなります。

つい安易な方法に飛びつきがちですが、体調を崩すような極端なダイエットはランナーにとってデメリットでしかありません。「栄養フルコース型」の食事のバランスはしっかり守って、ウエイトコントロールのコツをつかんでください。

1日の総エネルギー量	2,034kcal
■たんぱく質	121.0g

朝食

ライ麦サンド、卵白のみを使ったオムレツでヘルシーに

ビタミン・ミネラル・食物繊維が豊富なライ麦パンはダイエット中の強い味方。高たんぱく低脂肪にこだわってオムレツは卵白のみを使用。野菜やハムなどをたっぷり加えて。

- 1 2 3 ライ麦パンのサンドイッチ（クリームチーズ、ローストビーフ、トマト、きゅうり、サラダ菜）
- 2 3 ミックスベジタブル入り卵白オムレツ
- 4 キウイフルーツ
- 5 低脂肪乳

561kcal	
■たんぱく質	34.3g

1 主食　2 おかず　3 野菜　4 果物　5 乳製品

昼食 野菜中心のビビンパなら減量中も◎。ワカメスープと

テイクアウト用のナムルの盛り合わせを購入すればビビンパもお手軽に。タコの韓国風サラダは刺身用のイカやタイなどでも応用できる。

- 1 3 ヘルシービビンパ
- 2 3 タコの韓国風サラダ（コチジャンダレ）
- 3 ワカメスープ
- 4 果汁100%グレープフルーツジュース
- 5 低脂肪ヨーグルト

814kcal
■たんぱく質 37.0g

夕食 白身魚、青菜、きのこ、海藻類中心の太りにくいメニュー

高たんぱく低脂肪の白身の魚を主役に。ウエイトコントロール中は、きのこや海藻類などビタミン・ミネラル・食物繊維の豊富な食材を積極的に使ってヘルシーに。

- 1 胚芽ごはん
- 2 3 白身魚のねぎだれ青菜添え
- 3 ミックスきのこのサッと煮
- 3 もずく酢
- 3 青菜のみそ汁
- 4 グレープフルーツ

〈夕食30分前〉
- 5 低脂肪乳 プロテイン 144kcal

夕食前に低脂肪乳（または無脂肪乳）にプロテインを混ぜて飲むと満腹感が得られ、食事をコントロールしやすい。

659kcal
■たんぱく質 49.7g

夏に多い食事傾向と夏バテ対策

夏バテの要因を知っておく

近年は猛暑続きということもあり、夏バテする人が多いようです。ランナーの夏バテの症状は、練習中のめまいや吐き気、体重減少やスタミナ切れなどです。

夏は暑さによる疲れから食欲が落ちやすく、あっさりしてのど越しのよいそうめんやそばで済ませたり、冷たいジュースを飲みすぎて食事が摂れなくなってしまうことが少なくありません。栄養学的には、「炭水化物（糖質）中心」で「たんぱく質・ミネラル・ビタミン不足」の状態。これでは夏バテするのも当然です。

食欲不振による栄養不足や偏りに注意しましょう。そのほか、発汗量増大に伴うミネラルの喪失、冷たい飲み物、水分の摂りすぎによる消化機能低下なども夏バテの要因です。「食欲低下⬇食事量低下⬇偏った栄養・栄養不足⬇スタミナ低下」、この悪循環を断ち切ることが、夏バテ対策になります。

夏バテを防止する外食メニュー

	メニュー
和食	うな重、鉄火丼、親子丼、とろろそば、納豆おろしそば、梅おろしそば
中国料理	天津飯、かに玉、麻婆豆腐、肉野菜炒め、サンラータン、冷やし中華、五目そば
洋食	ペペロンチーノ、夏野菜カレー、ガーリックステーキ、クラムチャウダー
沖縄料理	ゴーヤチャンプルー、ソーキソバ、シークワーサージュース
韓国料理	参鶏湯（サムゲタン）、サムギョプサル、ビビンパ、冷麺、カムジャタン、プルコギ
インド料理	スパイシーカレー、タンドリーチキン、ラッシー
タイ料理	トムヤムクン、タイカレー、鶏のバジル炒め

※外食メニューだけで「栄養フルコース型」の食事にならない場合には、果汁100%オレンジジュース・牛乳・ヨーグルト・チーズなどをプラスしてそろえるようにする。

夏バテ対策の栄養強化のポイント

❶ 具だくさんメニューを心がけよう

夏場でも比較的食べやすい麺類は、単品で済ませないようにし、おかずと合わせて食べましょう。冷やし中華のように具だくさんのメニューはおすすめです。

❷ おかずは２人前を目標に

血液や筋肉をつくるたんぱく質は積極的に摂りましょう。肉や魚、卵、大豆製品のおかずは毎食２人前が目安。一度にたくさん食べられない場合は、間食で牛乳やプロテインを利用するのも手です。

❸ 牛乳を１日３杯以上飲む

夏場の発汗で失われやすいカルシウムはこまめに補給を。カルシウムが豊富で吸収のよい牛乳を１日コップ３杯(約600ml)以上飲み、ヨーグルトやカルシウムのタブレットなども利用するとよいでしょう。

❹ 鉄分を強化して貧血を予防

鉄の不足は貧血を招きやすいので、減量中や汗をたくさんかくランナーは要注意。レバー、アサリの佃煮、海藻サラダやひじきの煮物、切干大根など、鉄分の多い食品を積極的に食べましょう。

❺ ジュースの飲みすぎ注意＆ビタミンＢ群強化

アイスや清涼飲料水の摂りすぎに注意。これらに含まれる糖分を練習後や食事の前に摂りすぎると血糖値は上昇し、食欲が抑制されます。さらに糖質がエネルギーになるときにはビタミンB_1が必要なので、ただでさえ夏場の体力維持のために不足気味のビタミンB_1の消費に拍車をかけることになります。ビタミンB_1の強化には、ハムや豚肉を使った料理がおすすめです。

❻ 食欲増進効果のある香辛料や薬味を利用する

暑さで食欲が落ちているときは、香辛料や薬味を利用してみましょう。しょうが、わさび、カレー粉、唐辛子、にんにく、ねぎ、青じそ、みょうが、キムチ、酢、レモン汁、ゴマ油、梅干しなどから、好きなものを。

❼ 食欲がないときはコップ１杯の食前酒を

食前にコップ１杯のビール、ワイン、梅酒などを飲むと、食欲が増進されます。

❽ 食欲がないときはシャワーや水風呂

シャワーや水風呂で体温を下げると胃酸の分泌が活発になるので、入浴→食事が○です。

夏バテ予防の食事

夏の食事はそばやそうめんなど、のど越しのよいものだけで簡単に済ませてしまいがち。そうしたものを好んでしまうのは、暑さによる体温調節機能の乱れや睡眠不足、大量の発汗などからくる疲れによって、食欲が落ちてしまうことが原因です。

食欲が落ちれば、食べやすいものばかりを食べるため、無意識に冷たいものや糖質の摂りすぎになります。すると、必要な栄養素が不足し消化器の機能も落ちて、より疲れやすいカラダになるという悪循環に陥ってしまいます。

ランナーにとって夏バテはパフォーマンスの低下につながる大敵。夏バテ予防の食事のポイントは、とくに汗をかくことによって失われやすいミネラルやビタミンを強化し、夏場はどうしても避けがちなたんぱく質食品をしっかりと食べることです。

1日の総エネルギー量	3,106kcal
〈強化したい栄養素〉	
■たんぱく質	149.1g
■カルシウム	1,119mg
■鉄	14.1mg
■ビタミンB_1	5.92mg

Menu

朝食

やまいも、オクラのネバネバ成分が夏の弱った胃腸に◎

やまいも、オクラは納豆と組み合わせ丼めしにして食べやすく。品数は少なくても具だくさんの豚汁なら栄養価もグーンとアップ。サラダは酸味のきいた梅ドレッシングで。

- 1 2 3 栄養満点ネバネバ丼（ビタミン強化米入り）
- 2 3 大根サラダ
- 2 3 豚汁
- 4 果汁100%オレンジジュース
- 5 ヨーグルト（ブルーベリー）

925kcal	
〈強化したい栄養素〉	
■たんぱく質	39.8g
■カルシウム	359mg
■鉄	4.2mg
■ビタミンB_1	2.08mg

1 主食　2 おかず　3 野菜　4 果物　5 乳製品

昼食

さっぱりしたのど越しのよい冷やし中華は具だくさんに

夏場の定番メニュー冷やし中華には、ささみやハム、卵などたんぱく質の食材と野菜で具だくさんに。餃子にはキャベツやにらなどビタミン豊富な野菜をたっぷり加えて。

- 1 2 3 冷やし中華
- 2 3 野菜たっぷり餃子
- 4 すいか
- 5 牛乳かん

984kcal

〈強化したい栄養素〉

■たんぱく質	45.3g
■カルシウム	235mg
■鉄	3.5mg
■ビタミンB_1	0.78mg

Menu

夕食

ビタミンB群豊富なうなぎ、豚肉を主役に夏バテ対策

良質たんぱく質、脂質、鉄、ビタミン豊富な「うなぎ＋卵」と、高たんぱく・低脂肪でビタミンB_1強化になる「豚肉＋ガーリック」のWスタミナ食。夏はフルーツスムージーも◎。

- 1 2 うな卵丼（ビタミン強化米入り）
- 2 3 冷しゃぶサラダ（ガーリックソース）
- 3 小松菜のおひたし
- 3 なすとオクラとみょうがのみそ汁
- 4 5 桃とバナナのスムージー

1,197kcal

〈強化したい栄養素〉

■たんぱく質	64.0g
■カルシウム	525mg
■鉄	6.4mg
■ビタミンB_1	3.06mg

※総合ビタミン、ミネラルのサプリメントをプラスするとなおよい

足つり・ケイレンに備える

ランナーにとっての魔の瞬間

足つり・ケイレンが起こると、それまでの快適なレースペースから一転、ランニングを続けることが困難になります。フルマラソンではレースの後半、とくに30㎞以降で立ち止まってしまうランナーをしばしば見かけますが、これはまさに脚に異変が起きているということなのです。

足つり・ケイレンは、筋肉の収縮がコントロールできなくなった状態です。通常、神経と連携して動いている筋肉が突如として制御不能、あたかもパソコンがフリーズしたような状態になり、ときには痛みを伴うこともあります。レース中のランナーにとっては魔の瞬間ともいえるでしょう。

残念ながら、足つりが起きる原因は明らかにされていません。回復するための決定的な手段がないのが現状です。苦しまぎれに脚を伸ばしたり縮めたりしながら、ただただ脚の痛みが過ぎ去ってくれるのを待つしかありません。

それでも、栄養面でできることがいくつかあるといわれています。そのひとつが適切な水分補給です。

こまめな水分&ミネラル補給を

筋肉は水分を多く含む組織なので、水分不足の状態は筋肉のコンディションの維持にマイナスに働き、足つりなどのリスクを高めることになります。つまり、レースはもちろん練習中の適切な水分補給は、足つり・ケイレンの対策にもなるということです(44、112ページ参照)。

また、ミネラル(電解質)であるナトリウム・カリウム・カルシウム・マグネシウムなどの不足やアンバランスが原因で、筋収縮に支障が生じるとも考えられています。

「グリコーゲンローディングのように、ミネラル(電解質)をカラダにたくさん貯め込んでおくことはできないの？　たとえば塩そのものを一気に摂取しておけば、それが可能なのでは？」

そんな疑問もあるかもしれませんが、残念ながらそれは不可能といってよいでしょう。生体の恒常性を保つために、体液の中のミネラル（電解質）は微妙なバランスを保って存在しています。必要以上のミネラル（電解質）を摂り入れても、カラダは余分なものを排除しようと働きますし、塩分の大量摂取は、カラダにとって害にもなりかねません。水分補給と同じように、運動前・運動中にこまめにカラダに摂り入れるしかないのです。

ストレッチなどを取り入れる

ちなみに、ある種の漢方が足つりの予防に効く、という話もありますが、医師や薬剤師のような専門知識のない素人が、聞きかじりで手を出すのはあまりおすすめできません。

それよりは、日頃からストレッチなどで筋肉のコンディションをよくしておくほうが有効な対策となります。トレーニングには、十分なストレッチやマッサージを取り入れることも忘れずに。

入念なストレッチに加えて、スポーツドリンクやタブレットでミネラル（電解質）・水分の補給をするのがおすすめ！

アルコールとの上手な付き合い方

ランナーの飲酒の常識・4箇条

ランニングでひと汗かいてからのビール、これが楽しみで走るという人も多いでしょう。ひと仕事終えて、仲間と一緒に走った後の食事。あるいは一緒にレースに参加した後の打ち上げ。これもランニングの楽しみのひとつでしょう。

適度なアルコールには、さまざまな効用があることがわかってきています。その反面、過度の飲酒がカラダに悪いということは、みなさんもよくご存じでしょう。

では、ランナーがお酒と上手に付き合うための注意点を考えてみましょう。

①ビールを水分補給代わりにしない

ビールが水分補給になる、なんて勘違いしている人はいないでしょうか。「ランニングでいくらのどがカラカラに渇いてもビールを飲むまでじっと我慢。おいしくビールを飲みたいし、ビールで水分補給になるから問題はないはず」と。

でも、これはカラダにとって非常によくない状況です。発汗によって体内の水分量が少なくなった状態は、できるだけ早く元に戻してあげなければなりません。なぜなら水分が少ないと、血液量が減少したままになり、血液に乗って本来全身に運ばれるべき栄養素が行き渡らないままになってしまうからです。この状態が続くと、カラダにさまざまな支障をきたしてしまいます。

また、アルコールには利尿作用があるので、体内の水分は尿になってどんどん排出されてしまいます。つまり、ランニング中はもちろんですが、ランニング後も水分補給をきちんとしてからお酒を楽しむのが正解なのです。

②アルコールはリカバリーの大敵

ランニング後のリカバリーが大切だということは、これまで再三お伝えしてきました。ランニングによってダメージを受けた筋肉や血液を回復するために、炭水化物（糖質）・たんぱく質・ビタミン・ミネラルを適切に摂取

することが大切だという話です。

摂取した多くの栄養素はどうなるのかというと、腸管から吸収され、さらに肝臓へと運ばれます。つまり、肝臓は栄養代謝の要であり、ここが機能しないことには、カラダづくりはもとより、ふつうに生活を続けることもできません。

ところが、アルコールの摂取は肝臓に負担をかける行為です。過度の飲酒は肝臓の機能を低下させ、摂取した栄養素の代謝にも影響してしまいます。また、走った後に枯渇しているグリコーゲンの回復にも、アルコール摂取は悪影響です。

ランニング後は、できるだけ早いタイミングで炭水化物（糖質）やたんぱく質などの栄養補給を行って、疲れたカラダを回復させましょう。お酒はそのうえで楽しんでください。

③お酒のおつまみに注意

アルコールを摂取すると、胃酸の分泌が促進され食欲が高まります。そのこと自体はアルコールのメリットのひとつともいえるでしょう。しかし、食欲に任せて食べすぎてしまうと、摂取エネルギーの過多ということになりかねません。

とくにビールによく合う揚げ物などの油っこい食べ物は、高エネルギーなので注意が必要です。なお、アルコールそのものにも1gで7kcalありますが、残念ながらエネルギーとして使われることはなく、過剰量は体脂肪として蓄積されてしまいます。ウエイトコントロール中は、アルコール摂取量も考慮しましょう。

④二日酔いのときは無理しない

しかし、それでも飲みすぎてしまい翌日は二日酔い、ということもあるでしょう。そんな日にランニングの予定を入れていたら、どうすべきでしょうか？

正解は「体調が悪いときには無理に走らない」。二日酔いに限らず、それがランナーの原則です。

また、「レース前日にアルコールを飲んでも大丈夫？」と思う人もいるかもしれません。これはできれば、やめておいたほうがよいでしょう。仮に二日酔いまで至らないような軽い飲酒だとしても、グリコーゲンローディングや水分補給にアルコールは影響します。大事なレースの前は控えるようにしましょう。

練習時間別に応じた食事のポイント

練習時間で食事タイミングは違う

トレーニングを行う時間帯によって、食事のタイミングと内容の注意点は異なります。トレーニング時間は早朝、夜、週末など人によってさまざまでしょう。それぞれのトレーニング時間に合わせた、食事の摂り方を紹介します。

早朝ランの前にやるべきこと

平日の出勤前、あるいは休日の早朝など、朝の清々《すがすが》しい時間に走るランナーは数多くいます。早朝にランニングをする場合は、ほとんどが朝食前ということになるでしょう。その際の注意点は、水分補給と糖質の摂取です。

寝ている間には知らないうちに汗をかいているため、朝起きてすぐは、ごく軽い脱水状態のようなもの。渇いたカラダに水分補給してあげることが、朝のランニング準備の第一段階になります。

次にやるべきは、寝ている間に低下したエネルギーレベルを上げること。血糖値を上げて刺激を入れ、頭を働かせましょう。糖分入りのアイスティーやブドウ糖のタブレット、ゼリーなどの消化がよいものがおすすめです。

夜走るときはどうする？

①仕事を終えて帰宅前にラン

仕事によって脳はフル回転、血糖値が低下し、ひと仕事終えた後は空腹状態です。走るためのエネルギーとして、夕食前の軽い間食を入れてから走りに行きましょう。たとえば、おにぎりやエネルギーゼリーなどを走る1～1.5時間くらい前に食べましょう。仮に距離が短くても走る前に消化の悪いもの、油っこいものは避けます。走った直後には、プロテインを摂取してたんぱく質を補給しておきましょう。そして帰宅後は、「栄養フルコース型」の食事を摂ります。夕食から就寝まで2時間以上取れない場合は、夕食の量はいつもの7～8割程度に減らしましょう。

もし帰宅時間が遅くなりそうなら、あらかじめ夕食をランニング前後に2分割して、帰宅後に食べる分を軽くする方法もあります。

②帰宅して夕食を済ませてからのラン

食後すぐのランニングはおすすめできません。胃に内容物が多い状況でのランニングは避けましょう。夕食となると肉など脂肪分が多い食事になりがちで、その分消化に時間がかかるのでなおさらです。

夕食を早めに食べることができ、その後走るまで2~3時間確保することができれば、夕食後のランニングも問題ないでしょう。

①でも②でも、昼食を摂ってから夜走り始めるまでの時間に応じた栄養補給がポイントです。おやつタイム、夕食の時間も含め、計画的に食事パターンを考えておくとよいでしょう。

週末ランニング後のフォロー

平日は時間がなく、土日に集中して走る「週末ランナー」も多いと思います。このタイプのランナーは、1週間の食事量をどのように意識すればよいのでしょうか。

平日はバランスを意識しつつも量はふつうにし、土日はトレーニング量に見合ったボリュームを確保する、ここまでできればかなり正解に近いのですが、少し足りない点があります。

たとえば、平日走れない分、日曜日に30㎞走などをして多めに走ることもあるでしょう。このとき、走る当日の日曜日に食事量・質とも意識するのはもちろん、翌日の月曜日も食事に気をつけましょう。というのも、負荷の強い練習によって起こる筋肉痛は翌日も残っている可能性があります。つまり、月曜日の筋肉はまだ修復段階なのです。

筋肉の材料であるたんぱく質に加え、筋肉の合成に関連するビタミンやミネラル、そして合成に必要なエネルギーも確保しなければなりません。「トレーニングによる筋肉痛や疲れが残っている」というときには、より多くの栄養をカラダが求めている、と理解して、「週末ランニング後のフォロー」を忘れずに実践していきましょう。

フルマラソン以外のレースの栄養

距離は違っても基本は同じ

　フルマラソンでの記録更新を目指すランナーが、目標のレースに出場するまでの間に、ハーフマラソンや10㎞の大会にエントリーすることがあります。あるいは、100㎞などフルマラソン以上の距離を走るウルトラマラソンにチャレンジする人もいるでしょう。そんなとき、栄養面ではどのようなことに気をつけたらよいでしょうか。

　この本は42・195㎞という「フルマラソンを走るときの栄養」を基本に構成していますが、ここではハーフマラソンなど短いレース、あるいはウルトラマラソンなど長いレースに出場するときの栄養のポイントを解説していきましょう。

10㎞、ハーフマラソンでは？

　多くはフルマラソンを走るときよりも速いペースでのランニングとなります。フルマラソンに比べて短時間なので、スピードが自然と上がり、場合によっては、最後に短距離走並みの全力に近いランニング、ときには駅伝選手のラストスパートのように無酸素運動になることもあります。

　ペースが上がれば、ランニングのエネルギー源としては糖質が中心となります。といっても、トータルのエネルギー消費量はフルマラソンに比べてハーフで半分程度、10㎞のレースであればさらに少なくなります。フルマラソンのような、レース3日前からの本格的なグリコーゲンローディングは必要ないでしょう。

　ランニング時の栄養補給と水分補給（PART1）で記述した内容になりますが、10㎞、ハーフでも、レース前の水分補給と、レース後のリカバリーがポイントになります。距離が短いとはいえ、発汗量を考慮した水分量は確保しましょう。

　また、スピードが上がるとその分、着地のときの脚への衝撃など、筋肉へかかる負担も大きくなり、筋肉が壊れやすくなります。ランニング後のリカバリーも大事にしましょう。

ウルトラマラソンはまめな補給を

当然のことながら、フルマラソン以上の距離の完走は、安易な気持ちではできません。100㎞もの距離ですから、ある程度の距離の走り込みは必要でしょう。

ここでは100㎞という過酷なレースを乗りきるための栄養面でのポイントを挙げておきます。フルマラソンにもさまざまな対策がありますが、ウルトラマラソンの対策は人それぞれで、理論として確立されたものはありません。

それでも、最低限必要なのが①水分、②エネルギー、③ミネラル（電解質）の補給です。この超長距離を走れば発汗量も相当なので、水分はもちろんナトリウムなどミネラル（電解質）の消費もかなりの量となります。エネルギーは、筋肉・肝臓に貯めているグリコーゲンだけでは到底足りないので、体内に大量に存在する脂肪も有効に使う、あるいは定期的にエネルギー補給することが必要です。

これらを含んだ適切な量の飲食物を定期的にカラダに補給しなければ、水分もエネルギーも減少し、ランニングの継続が困難になります。

ウルトラマラソンは時間も長くなるので、エイドステーションにあるうどんや豚汁など食事的な要素を取り入れてもよいでしょう。そのためにも、エイドステーションがどこにあるのか事前にチェックしましょう。

ただし、レースの合間に摂取する食事の量が多すぎてはいけません。ランニングに限らず運動時には胃腸の消化吸収能力が通常より低くなっているので、量を食べすぎると、ときに膨満感や吐き気を引き起こしてしまいます。エネルギーゼリーなど消化しやすいものも上手に活用しながら、経時的にエネルギーを摂り込んでいくとよいでしょう。

また、これだけの超長距離、長時間のランニングになれば絶えず疲労との闘いなので、メンタルの維持も重要です。そのためにも、「脳」の主要なエネルギー源、ブドウ糖を切らさないようにして、集中力・判断力が落ちないようにしましょう。

メニュー食材・分量表

Quantity table-food menu

■走らない日の食事 (➡P.80)

	分類	献立名	材料	分量	備考
朝食	1	トースト	食パン	60g	6枚切り1枚
			いちごジャム	15g	
	2	目玉焼き	鶏卵	50g	1個
			塩、こしょう	少々	
			油	4g	小さじ1
	2 3	ベーコンとほうれんそうのソテー	ほうれんそう	80g	
			ベーコン	15g	
			にんにく	3g	
			塩、こしょう	少々	
			オリーブオイル	4g	小さじ1
	4 5	ヨーグルト(キウイフルーツ)	キウイフルーツ	80g	
			プレーンヨーグルト	100g	
			はちみつ	10g	大さじ1/2
	4	果汁100%オレンジジュース	オレンジジュース	200ml	
昼食	1 2 3	パスタ(具だくさんペペロンチーノ)	パスタ(乾)	100g	
			鶏肉(ささみ)	35g	1本
			かぼちゃ	30g	
			ブロッコリー	30g	
			トマト	40g	1/4個
			パプリカ	30g	
			にんにく	10g	
			とうがらし	適宜	
			オリーブオイル	13g	大さじ1
			塩、こしょう	少々	
	3	海藻サラダ	乾燥海藻	10g	
			カットワカメ(乾)	3g	
			トマト	50g	
			きゅうり	25g	
			ノンオイルドレッシング	8g	
	3 5	パンプキンスープ	かぼちゃ	50g	
			牛乳	100ml	
			たまねぎ	20g	1/8個
			コンソメ	2g	
			塩、こしょう	少々	
			バター	3g	
	4	果汁100%オレンジジュース	オレンジジュース	200ml	
間食	5	アイスカフェオレ	牛乳	150ml	
			コーヒー	50ml	
夕食	1	ごはん	白米	150g	
	2 3	豚のしょうが焼き	豚肉(ロース)	120g	
			たまねぎ	40g	
			ピーマン	30g	
			パプリカ(黄)	20g	
			レタス	30g	1枚
			トマト	20g	
			しょうが	10g	
			しょうゆ	9g	大さじ1/2
			酒	15g	大さじ1
			砂糖	4.5g	大さじ1/2
			みりん	3g	
			油	4g	小さじ1
	3	切干大根の煮物	切干大根	15g	
			油揚げ	10g	
			しょうゆ	5g	小さじ1
			砂糖	5g	大さじ1/2
			酒	3g	
			油	3g	
	2 3	油揚げとワカメのみそ汁	油揚げ	7g	
			ワカメ	3g	
			みそ	13g	
	4	グレープフルーツ	グレープフルーツ	200g	1/2個
	5	低脂肪乳	低脂肪乳	200ml	

■「栄養フルコース型」の食事例 (➡P.35)

分類	献立名	材料	分量	備考
1	ごはん	白米	200g	
2	サーモンソテー	鮭(切身)	120g	1切れ
		塩	0.8g	
		こしょう	0.1g	
		小麦粉	4g	
		オリーブオイル	4g	小さじ1
3	付け合わせ野菜	さやいんげん	40g	
		トマト	30g	
		クレソン	20g	
		レモン	3g	
2 3	大豆とひじきの煮物	ひじき	5g	
		大豆	40g	
		油揚げ	5g	
		にんじん	10g	
		こんにゃく	20g	
		しょうゆ	9g	大さじ1/2
		砂糖	4.5g	大さじ1/2
		酒	5g	小さじ1
3	ほうれんそうのおひたし	ほうれんそう	80g	
		かつお節	1g	
		しょうゆ	4g	小さじ1
2	シジミのみそ汁	シジミ	50g	
		みそ	13g	
4	キウイフルーツ、オレンジ	キウイフルーツ	50g	1/2個
		オレンジ	80g	
5	低脂肪乳	低脂肪乳	200ml	

	分類	献立名	材料	分量	備考
間食	5	アイスカフェオレ	牛乳	150ml	
			コーヒー	50ml	
練習前		ゼリーバー	ピットインゼリーバー	50g	1本
練習後	1	あんぱん	あんぱん	70g	1個
		プロテイン	アクアホエイプロテイン100	14g	スティック1本/付属スプーン2杯

■レース3日前の食事 (➡P.100)

	分類	献立名	材料	分量	備考
朝食	1	フレンチトースト(メープルシロップ添え)	食パン	120g	6枚切り2枚
			鶏卵	50g	1個
			牛乳	50ml	
			砂糖	10g	大さじ1
			メープルシロップ	30g	
	2	イタリア風かきたまスープ	鶏卵	50g	1個
			コンソメスープの素	5g	1個(キューブ)
			パルメザンチーズ	5g	
			塩、こしょう	少々	
	1 3	ポテトサラダ	じゃがいも	150g	
			ハム	8g	1/2枚
			にんじん	10g	
			きゅうり	10g	
			たまねぎ	10g	
			レモン	5g	小さじ1
			ヨーグルト	15g	大さじ1
			マヨネーズ	14g	大さじ1
			マスタード	5g	小さじ1
			塩、こしょう	少々	
	4	果汁100%オレンジジュース	オレンジジュース	200ml	
	4 5	低脂肪ヨーグルト(キウイフルーツ)	低脂肪ヨーグルト	90g	
			はちみつ	20g	大さじ1
			キウイフルーツ	40g	1/2個
昼食	1 2 3	けんちんうどん	うどん	250g	
			鶏肉	40g	
			大根	30g	
			にんじん	20g	2cm
			ごぼう	20g	
			里いも	60g	1個
	1	梅干しとじゃこのおにぎり(2個)	ごはん	200g	
			梅干し	8g	
			じゃこ	3g	
	3	小松菜のじゃこ和え	小松菜	80g	
			じゃこ	10g	
	4	みかん	みかん	80g	1個
	5	ヨーグルトドリンク	ヨーグルトドリンク	200ml	
夕食	1	ごはん	白米	200g	
			ビタミン強化米	1g	
	1 2 3	肉じゃが	牛肉もも薄切り(赤身)	70g	
			たまねぎ	80g	1/2個
			じゃがいも	160g	1個
			にんじん	30g	1/5本
			つきこんにゃく	80g	
			さやいんげん	20g	
	1 3	春雨サラダ	春雨	40g	熱湯で2分ゆでザルにあげる
			ハム	5g	2枚
			鶏卵	5g	薄焼き卵をつくる
			きゅうり	10g	
			ノンオイルドレッシング(中華)	10g	
	3	ほうれんそうのおひたし	油揚げ	10g	さっと焼く
			ほうれんそう	80g	
			めんつゆ	20ml	
			水	30ml	
	2	アサリのみそ汁	アサリ	50g	
			みそ	13g	
			長ねぎ	適量	
	4 5	低脂肪ヨーグルト(いちご)	いちご	75g	5個
			低脂肪ヨーグルト	100g	
間食	1	どらやき	どらやき	80g	1個

■走り込んだ日の食事 (➡P.80)

	分類	献立名	材料	分量	備考
朝食	1 2 5	ハム・チーズトースト	胚芽入り食パン	120g	6枚切り2枚
			ハム	30g	
			スライスチーズ	40g	
	2	目玉焼き	鶏卵	100g	2個
			塩、こしょう	少々	
			油	4g	小さじ1
	2 3	ベーコンとほうれんそうのソテー	ほうれんそう	80g	
			ベーコン	15g	
			にんにく	3g	
			塩、こしょう	少々	
			オリーブオイル	4g	小さじ1
	4 5	ヨーグルト(キウイフルーツ+バナナ)	キウイフルーツ	80g	
			プレーンヨーグルト	100g	
			バナナ	50g	
			はちみつ	10g	大さじ1/2
	4	果汁100%オレンジジュース	オレンジジュース	200ml	
昼食	1 2 3	パスタ(具だくさんペペロンチーノ)	パスタ(乾)	100g	
			鶏肉(ささみ)	35g	1本
			かぼちゃ	30g	
			ブロッコリー	30g	
			トマト	40g	1/4個
			パプリカ	30g	
			にんにく	10g	
			とうがらし	適宜	
			オリーブオイル	13g	大さじ1
			塩、こしょう	少々	
	1	テーブルロール	ロールパン	45g	
	2 3	海藻サラダ(豆腐)	乾燥海藻	10g	
			カットワカメ(乾)	3g	
			トマト	50g	
			きゅうり	25g	
			豆腐	60g	
			ノンオイルドレッシング	8g	
	3 5	パンプキンスープ	かぼちゃ	50g	
			牛乳	100ml	
			たまねぎ	20g	1/8個
			コンソメ	2g	
			塩、こしょう	少々	
			バター	3g	
	4	果汁100%オレンジジュース	オレンジジュース	200ml	
夕食	1	ごはん	白米	200g	
	2 3	豚のしょうが焼き	豚肉(ロース)	150g	
			たまねぎ	40g	1/4個
			ピーマン	30g	
			パプリカ(黄)	20g	
			レタス	30g	1枚
			トマト	20g	
			しょうが	10g	
			しょうゆ	9g	大さじ1/2
			酒	15g	大さじ1
			砂糖	4.5g	大さじ1/2
			みりん	3g	
			油	4g	小さじ1
	2 3	大豆とひじきの煮物	ひじき	5g	
			大豆	40g	
			油揚げ	5g	
			にんじん	10g	
			こんにゃく	20g	
			しょうゆ	9g	大さじ1/2
			砂糖	4.5g	大さじ1/2
			酒	5g	小さじ1
	3	切干大根の煮物	切干大根	15g	
			油揚げ	10g	
			しょうゆ	5g	小さじ1
			砂糖	5g	大さじ1/2
			酒	3g	
			油	3g	
	2 3	油揚げとワカメのみそ汁	油揚げ	7g	
			ワカメ	3g	
			みそ	13g	
	4	グレープフルーツ	グレープフルーツ	200g	1/2個
	5	低脂肪乳	低脂肪乳	200ml	

■レース前日の食事 (➡P.104)

	分類	献立名	材料	分量	備考
朝食	1 4	バナナのパンケーキ	小麦粉	80g	
			鶏卵	25g	1/2個
			牛乳	50ml	
			バナナ	100g	
			砂糖	9g	大さじ1
			メープルシロップ	30g	
	2	ボイルソーセージ	ソーセージ	60g	3本
	1	じゃがいもソテー	じゃがいも	80g	
			塩、こしょう	少々	
			オリーブオイル	10g	
			パセリ	3g	
	3	トマト	ミニトマト	45g	3個
	4	オレンジ	オレンジ	80g	
	5	カフェオレ	牛乳	150ml	
			コーヒー	50ml	
			砂糖	3g	
昼食	1 2	親子丼	ごはん	200g	
			鶏肉	50g	
			鶏卵	50g	1個
			たまねぎ	30g	1/6個
			みつば	1g	
			砂糖	15g	
			しょうゆ	15g	大さじ1
			だし汁	100ml	
	1	ミニそば	そば	50g	1/2束
			長ねぎ	10g	2cm
			ワカメ	10g	
			めんつゆ	適量	
	3	ほうれんそうのゴマ和え	ほうれんそう	60g	
			ゴマ	10g	
			砂糖	5g	大さじ1/2
			みりん	5g	小さじ1
			しょうゆ	5g	小さじ1
	4	果汁100%オレンジジュース	オレンジジュース	200ml	
	5	ヨーグルト	カップヨーグルト	110g	
夕食	1 2	力うどん	うどん(ゆで)	200g	
			もち	50g	1個
			鶏肉	30g	
			長ねぎ	10g	2cm
			かまぼこ	15g	
			青菜	20g	
	1 3	かやくごはん	白米	120g	
			鶏肉(もも)	15g	
			にんじん	10g	
			しいたけ	10g	
			油揚げ	10g	1/2枚
			しょうゆ	9g	
			酒	9g	
			砂糖	3g	
	3	かぼちゃの煮物	かぼちゃ	100g	
			砂糖	15g	
			しょうゆ	10g	大さじ1/2
			だし汁	80ml	
	4	オレンジ、キウイフルーツ、いちご	オレンジ	80g	
			キウイフルーツ	40g	1/2個
			いちご	50g	3個
	4	果汁100%オレンジジュース	オレンジジュース	200ml	
間食	1	カステラ	カステラ	100g	2切れ
		紅茶	紅茶+スティックシュガー(3g)	200ml	

■レース2日前の食事 (➡P.102)

	分類	献立名	材料	分量	備考
朝食	1	ごはん	白米	200g	
			ビタミン強化米	1g	
	2	鮭の塩焼き	鮭(切身)	80g	1切れ
			大根おろし	50g	
	2	納豆	納豆	50g	1パック
			長ねぎ	5g	
	3	ミニサラダ	トマト	40g	1/4個
			レタス	30g	1枚
			ブロッコリー	10g	
			鶏卵	25g	1/2個
	1	さつまいものレモン煮	さつまいも	120g	
			砂糖	9g	大さじ1
			レモン	12g	
	4	ぶどう	ぶどう	80g	
	5	低脂肪乳	低脂肪乳	200ml	
昼食	1	パスタ(トマトソース)	パスタ	100g	
			トマト水煮	100g	
			にんにく	5g	
			バジル	2g	
			塩	少々	
			オリーブオイル	4g	小さじ1
	1	パン	フランスパンなど	60g	2切れ
			ジャム	20g	
	3	かぼちゃのサラダ	かぼちゃ	100g	
			レタス	20g	1枚
			トマト	40g	1/4個
			アスパラガス	20g	1本
	1 5	コーンスープ	スイートコーン	30g	
			クリームコーン(缶詰)	30g	
			コンソメ	1.3g	
			たまねぎ	15g	
			牛乳	70ml	
			塩	0.5g	
			こしょう	0.1g	
	4	果汁100%オレンジジュース	オレンジジュース	200ml	
夕食	1 3	きのこの炊き込みごはん	ごはん	200g	
			しいたけ	15g	
			まいたけ	15g	
			油揚げ	8g	
			にんじん	10g	
			だし汁	180ml	
			酒	5g	小さじ1
			うすくちしょうゆ	6g	小さじ1
	2	鶏もも肉のカリカリソテー	鶏もも肉	80g	
			塩、こしょう	少々	
	3	付け合わせ野菜	ミニトマト	30g	
			ブロッコリー	30g	
	1	マッシュポテト	じゃがいも	130g	
			生クリーム	15g	
			塩	0.5g	
			こしょう	0.1g	
	1 3	マカロニサラダ	マカロニ	60g	
			ハム	8g	
			きゅうり	10g	
			にんじん	10g	
			マヨネーズ	10g	
	4	いちご	いちご	80g	
	5	ヨーグルトドリンク	ヨーグルトドリンク	80g	
間食	1	あんぱん	あんぱん	80g	1個
夜食	1	バナナ	バナナ	160g	1本

■レース後の食事 (➡P.117)

分類	献立名	材料	分量	備考
1	ごはん(雑炊)	白米	200g	
2 3	鍋料理	鶏もも肉	100g	
		白菜	80g	
		水菜	50g	
		豆腐	100g	1/3丁
		生しいたけ	20g	
		長ねぎ	20g	4cm
		鶏卵	50g	
3	トマトサラダ	トマト	100g	
		青じそ	2g	
4	みかん	みかん	70g	1個
5	低脂肪乳	低脂肪乳	200ml	

■レース当日の朝食 (和食／➡P.107)

	分類	献立名	材料	分量	備考
朝食	1 2 3	雑煮	もち	100g	50g×2個
			鶏もも肉	30g	
			ほうれんそう	40g	
			大根	25g	
			にんじん	15g	
			里いも	25g	
			かつおだし	2.5g	
			しょうゆ	4.5g	
			塩	2.5g	
			酒	5g	小さじ1
			柚子の皮	1g	
	1	おにぎり(小)	白米	100g	
			梅干し	5g	
			塩	0.5g	
	1	おにぎり(小)	白米	100g	
			鮭	15g	
			塩	0.5g	
	4	みかん、りんご	みかん	80g	1個
			りんご	50g	
	4	果汁100%オレンジジュース	オレンジジュース	200ml	

■レース当日の朝食 (洋食／➡P.107)

	分類	献立名	材料	分量	備考
朝食	1	はちみつトースト	トースト	90g	6枚切り1.5枚
			はちみつ	20g	
			ジャム	15g	
	1 5	玄米フレーク	玄米フレーク	40g	
			牛乳	150ml	
	4	キウイフルーツ、いちご、バナナ	キウイフルーツ	60g	1/2個
			いちご	50g	3個
			バナナ	80g	1/2本
	4	果汁100%オレンジジュース	オレンジジュース	200ml	

■各食事メニューの栄養価(3食あるものはその合計)

	エネルギー (kcal)	たんぱく質 (g)	脂質 (g)	炭水化物 (g)	カルシウム (mg)	鉄 (mg)	レチノール当量 (μg)	ビタミンB_1 (mg)	ビタミンB_2 (mg)	ビタミンC (mg)
「栄養フルコース型」の食事例(➡P.35)	1035	59.8	21.7	150.0	635	10.3	593	0.70	1.16	127
走らない日の食事(➡P.80)	2656	104.2	93.4	348.6	1136	11.7	963	2.31	2.11	532
走り込んだ日の食事(➡P.80)	4001	172.3	140.2	509.3	1744	28.3	1999	7.66	6.37	914
レース3日前の食事(➡P.100)	3259	113.1	55.1	574.2	1150	6.6	1576	3.38	0.70	391
レース2日前の食事(➡P.102)	3431	123.7	62.5	608.8	787	4.4	733	3.87	0.92	410
レース前日の食事(➡P.104)	3350	102.7	64.6	594.1	939	4.9	1391	2.43	1.05	504
レース当日の朝食(和／➡P.107)	839	23.6	5.1	171.8	103	2.4	391	0.43	0.31	130
レース当日の朝食(洋／➡P.107)	804	19.5	11.6	161.6	308	5.8	310	0.87	0.89	199
レース後の食事(➡P.117)	829	44.5	30.3	92.4	524	4.9	331	0.53	1.09	86
貧血予防の食事(➡P.130)	3072	162.8	80.2	420.0	1574	33.5	9155	1.96	4.95	326
ケガ予防の食事(➡P.134)	3435	175.8	114.0	416.0	1661	17.2	1209	2.15	2.74	303
ウエイトコントロールの食事(➡P.138)	2034	121.0	49.4	281.3	1301	15.9	1207	2.89	3.47	373
夏バテ予防の食事(➡P.142)	3106	149.1	93.0	409.5	1119	14.1	2875	5.92	0.40	277

参考：日本食品標準成分表2010年版

■ケガ予防の食事 (➡P.134)

	分類	献立名	材料	分量	備考
朝食	1 2 3	ベーグルサンド	ベーグル	100g	1個
			ボンレスハム	30g	1枚
			低脂肪スライスチーズ	20g	1枚
			トマト	35g	1/4個
			レタス	50g	
	2 3	大豆と野菜のスープ（トマトベース）	大豆	30g	
			ウインナー	50g	2本
			セロリ	30g	5cm
			にんじん	10g	
			たまねぎ	40g	1/4個
			トマト	150g	1個
			コンソメ	5g	コンソメキューブ1個
	4	オレンジ	オレンジ	125g	
	5	低脂肪乳	低脂肪乳	200ml	
昼食	1 2	シラス納豆丼	ごはん	250g	
			納豆	50g	1パック
			鶏卵	50g	1個
			シラス	20g	
			万能ねぎ	5g	2cm
			しょうゆ	適宜	
	2 3	小松菜と厚揚げの煮びたし	小松菜	80g	
			厚揚げ	50g	1/4丁
			だし汁	100ml	
			しょうゆ	9g	大さじ1/2
			みりん	9g	大さじ1/2
			塩、こしょう	少々	
	4	果汁100%オレンジジュース	オレンジジュース	200ml	
	5	低脂肪ヨーグルト	低脂肪ヨーグルト	110g	
夕食	1	胚芽米ごはん	胚芽米	200g	
	2	手羽先と大豆の煮物	手羽先	210g	3本(1本70g)
			大豆(水煮缶)	30g	
			しょうが	10g	
			酒	5g	小さじ1
			みりん	5g	小さじ1
			しょうゆ	5g	小さじ1
	1 2 3	にらと桜エビのチヂミ	にら	30g	1/3束
			豚肉	50g	
			桜エビ	5g	
			たまねぎ	20g	1/8個
			小麦粉	40g	
			片栗粉	10g	
			鶏卵	50g	1個
			油	10g	
		(たれ)	しょうゆ	15g	大さじ1
			水	70ml	
			酢	10g	
			砂糖	3g	
			にんにくのみじん切り	5g	
			長ねぎのみじん切り	5g	
	3	ほうれんそうのおひたし	ほうれんそう	80g	
			かつお節	1g	
			しょうゆ	4g	
	2 3	豆腐とワカメのみそ汁	豆腐	30g	
			ワカメ	3g	
			みそ	13g	
	4	グレープフルーツゼリー	グレープフルーツ	100g	
			砂糖	15g	
			ゼラチン	2g	
	5	低脂肪乳	低脂肪乳	200ml	

■貧血予防の食事 (➡P.130)

	分類	献立名	材料	分量	備考
朝食	1	胚芽米ごはん	胚芽米	200g	
	2	焼きシシャモ	シシャモ	40g	3尾
			大根おろし	30g	
			すだち	5g	
	2 3	ひじき入り卵焼き	ひじき	2g	
			鶏卵	50g	1個
			砂糖	15g	
			だし汁	5ml	
			塩	少々	
			油	2g	
	2	納豆	納豆	50g	1パック
			長ねぎ	3g	
	3	オクラのおかかじょうゆ	オクラ	30g	
			トマト	40g	
			かつお節	2.5g	
			しょうゆ	2.5g	
	2	アサリのみそ汁	アサリ	50g	
			みそ	13g	
			長ねぎ	1.5g	
	4	キウイフルーツ、オレンジ	キウイフルーツ	50g	1/2個
			オレンジ	40g	
	4 5	ヨーグルト（ドライフルーツ）	ドライフルーツ	35g	あんず2個、プルーン2個
			プレーンヨーグルト	100g	
昼食	1	ごはん	白米	200g	
	2 3	レバにら炒め	豚レバー	60g	
			にら	50g	1/2束
			にんじん	10g	
			もやし	40g	
			しょうが汁	5ml	
			酒	5g	小さじ1
			しょうゆ	9g	大さじ1/2
			片栗粉	6g	小さじ2
			油	10g	
	2	冷やっこ	豆腐	100g	1/3丁
			しょうが	5g	
			みょうが	5g	
			長ねぎ	5g	
	2 3	野菜入り卵スープ	卵	50g	1個
			にんじん	10g	
			ピーマン	10g	
			いんげん	10g	
			もやし	10g	
			塩	1g	
			中華風だし	2g	
	4	果汁100%グレープフルーツジュース	グレープフルーツジュース	200ml	
	5	ヨーグルト	カップヨーグルト(プレーン)	110g	
夕食	1 2 3	ひじきと枝豆の炊き込みごはん	ごはん	200g	
			ひじき	5g	
			枝豆	20g	
	2 3	焼肉野菜巻き	牛もも肉(赤身)	150g	3枚
			サンチュ	40g	1/2株
		(みそ)	みそ	20g	
			長ねぎ(みじん切り)	20g	4cm
			すりゴマ	20g	
			酒	15g	大さじ1
			コチジャン	15g	
			砂糖	5g	大さじ1/2
			おろしにんにく	適宜	
	1 2	マグロ山かけ	マグロ(赤身)	60g	
			やまいも	80g	1/8本
			しょうゆ	適宜	
	3	青菜のみそ汁	ほうれんそう	30g	
			みそ	13g	
	4	グレープフルーツ	グレープフルーツ	200g	1/2個
	5	低脂肪乳	低脂肪乳	200ml	

■夏バテ予防の食事 (➡P.142)

	分類	献立名	材料	分量	備考
朝食	1 2 3	栄養満点 ネバネバ丼	ごはん	200g	
			ビタミン強化米	1g	
			納豆	50g	1パック
			やまいも	50g	5cm
			オクラ	30g	
			しょうゆ	10g	
	2 3	大根サラダ	大根	80g	
			ハム	15g	1枚
			大葉	2g	2枚
			しらす干し	10g	
			梅ドレッシング	10g	
	2 3	豚汁	豚肉	40g	
			ごぼう	20g	
			こんにゃく	7g	
			木綿豆腐	15g	
			にんじん	10g	
			大根	20g	
			みそ	13g	
			油	3g	
	4	果汁100%オレンジジュース	オレンジジュース	200ml	
	5	ヨーグルト (ブルーベリー)	ヨーグルト	100g	
			冷凍ブルーベリー	20g	
昼食	1 2 3	冷やし中華	中華麺	200g	
			鶏肉(ささみ)	35g	1本
			ボンレスハム	20g	1枚
			鶏卵	25g	1/2個
			もやし	30g	
			きゅうり	30g	1/3本
			トマト	50g	
			塩	少々	
			ゴマ油	5g	
			水	30ml	
			砂糖	10g	大さじ1
			しょうゆ	20g	
			酢	30g	大さじ2
	2 3	野菜たっぷり餃子	豚赤身ひき肉	50g	
			キャベツ	80g	2枚
			にら	20g	
			長ねぎ	10g	2cm
			餃子の皮	30g	5枚
			しょうが	3g	
			塩	1g	
			こしょう	1g	
			ゴマ油	2g	
			油	5g	
	4	すいか	すいか	200g	2切れ
	5	牛乳かん	低脂肪乳	80g	
			みかん	20g	
			寒天	1g	
			砂糖	8g	
夕食	1 2	うな卵丼	ごはん	200g	
			ビタミン強化米	1g	
			うなぎ	80g	1/2尾
			鶏卵	50g	1個
			三つ葉	3g	
			うなぎのたれ	15g	
			しょうゆ	15g	大さじ1
			みりん	10g	
	2 3	冷しゃぶサラダ	豚肉	100g	薄切り3枚
			レタス	20g	1枚
			水菜	30g	
			トマト	40g	1/4個
			大葉	3g	3枚
			アスパラガス	20g	1本
		(ガーリックソース)	にんにく	10g	
			しょうゆ	9g	大さじ1/2
			酒	5g	小さじ1
			砂糖	3g	
	3	小松菜のおひたし	小松菜	80g	
			かつお節	1g	
			しょうゆ	4g	
	3	なすとオクラと みょうがのみそ汁	なす	15g	
			オクラ	20g	
			みょうが	10g	1個
			みそ	13g	
	4 5	桃とバナナの スムージー	桃	90g	1/2個
			バナナ	50g	
			プレーンヨーグルト	75g	
			牛乳	20ml	
			レモン汁	5g	

■ウエイトコントロールの食事 (➡P.138)

	分類	献立名	材料	分量	備考
朝食	1 2 3	ライ麦パンの サンドイッチ	ライ麦パン	60g	6枚切り1枚
			クリームチーズ	20g	
			ローストビーフ	20g	(加工品)
			トマト	20g	
			きゅうり	10g	
			サラダ菜	10g	
	2 3	ミックス ベジタブル入り 卵白オムレツ	卵白	70g	卵2個分
			ミックスベジタブル	50g	
			トマト	40g	1/4個
			マッシュルーム	30g	
			ボンレスハム	20g	1枚
			低脂肪乳	10g	
			油	5g	
			塩、こしょう	少々	
	4	キウイフルーツ	キウイフルーツ	80g	
	5	低脂肪乳	低脂肪乳	200ml	
昼食	1 3	ヘルシービビンバ	ごはん	150g	
			ナムル ほうれんそう	40g	
			もやし	30g	
			ぜんまい	20g	
			にんじん	10g	
			卵黄	15g	卵1個分
			ゴマ油	4g	小さじ1
			キムチ	40g	
			コチジャン	10g	
			すりゴマ	適宜	
			酢	9g	
			塩、こしょう	少々	
	2 3	タコの韓国風 サラダ	タコ	80g	足1本
			きゅうり	40g	1/2本
			春菊	20g	茎2〜3本
		(コチジャンダレ)	コチジャン	10g	
			酢	15g	大さじ1
			みそ	6g	小さじ1
			にんにく	4g	
			砂糖	3g	
			しょうゆ	6g	小さじ1
			すりゴマ	1g	
			ゴマ油	4g	小さじ1
	3	ワカメスープ	ワカメ	10g	
			めんつゆの素	10g	
			すりごま	2g	
			ラー油	少々	
	4	果汁100%グレープフルーツジュース	グレープフルーツジュース	200ml	
	5	低脂肪ヨーグルト	低脂肪ヨーグルト	100g	
夕食	1	胚芽ごはん	胚芽米	130g	
	2 3	白身魚のねぎだれ 青菜添え	白身魚	80g	1切れ
			青菜(ほうれんそう)	50g	
		(たれ)	長ねぎ	5g	
			にんにく	5g	
			しょうが	5g	
	3	ミックスきのこの サッと煮	しいたけ	40g	
			しめじ	40g	
			えのきだけ	40g	
			油揚げ	10g	1/2枚
			マッシュルーム	25g	
			しょうゆ	6g	小さじ1
			酒	6g	小さじ1
			みりん	6g	小さじ1
			七味唐辛子	少々	
	3	もずく酢	もずく	50g	
			きゅうり	25g	
			酢	9g	
			しょうゆ	7g	
			しょうが	2g	
	3	青菜のみそ汁	小松菜	30g	
			みそ	13g	
	4	グレープフルーツ	グレープフルーツ	200g	1/2個
間食	5	低脂肪乳	低脂肪乳	200ml	
		プロテイン	プロテインウエイトダウン	14g	2杯

おわりに

競技を引退してから15年経った2011年、私もようやくフルマラソンに初チャレンジすることができました。健康のためにジョギング程度のランニングは続けていたものの、しばらくレースに出場することはなかったので、体力が心配でしたが、いざ始めると競技者だったあの頃の気持ちが蘇ってくるので不思議なものです。私のフルマラソンチャレンジは、実はこの本の出版が決まったことがきっかけなのです。

マラソンを走ろうと決めてから、「絶対にケガをしないでスタート地点に立ちたい!」。こんな思いで練習を再開させました。もちろん、食事には気を遣い、走った後のプロテインは欠かさず、カラダづくりからスタート。週1回の10㎞のタイムトライアルでは練習をするたびにタイムが伸びて、楽に走れるようになる〝あの感覚〟がたまらなく楽しい。レースまでの3ヶ月間はカラダのケアに細心の注意を払いながら、無事にレース当日を迎え、完走することができました。タイムは3時間19分。35㎞からは想像以上にきつかったけれど、心の底から走れることへの喜び、楽しさ、そして感動を味わうことができました。ひそかに狙っていたのは3時間15分切りですが、それは次回の目標、楽しみにとっておきたいと思います。

ランニングに限らず、スポーツに興味を持つ人やスポーツの競技人口が増えることは、これからの日本の未来を明るくする。スポーツを通じて健康になる人が増え、これまで以上にライフスタイルが豊かになる、と私は信じています。

スポーツ栄養がこれからのスポーツ界を、そして日本の未来を変えていける重要な位置づけであることを信じて、少しでもスポーツ界に貢献できるような活動に携わっていけたら幸せに思います。

最後になりましたが、本書の刊行にあたり、協力してくださった多くの方々と、これまで私を支えてくださったすべての方に、心より感謝申し上げます。

Special thanks

快く取材に協力してくださったマーラ・ヤマウチご夫妻、日本経済新聞の吉田誠一様、市民ランナーの阿部久美子様。

高校時代の恩師・森壽光先生、東京農業大学陸上部元監督の上田勉様、元横浜銀行陸上部監督の小川聡様。

共に汗と涙を流した陸上部の仲間。

これまで関わってきたすべてのアスリート、ランナーの皆様とその関係者の皆様。

入社以来、スポーツ栄養学を一からご指導いただきました立教大学の杉浦克己先生と、株式会社 明治の諸先輩方。そしていつも私をサポートしてくれる同僚たち。

本書を出版する機会を与えていただきました実務教育出版の瀬崎浩志様と、粘り強く最後までサポートしていただきましたスタッフの皆様。

そして、どんなときも私を応援してくれる私の家族に、この場を借りて心より御礼申し上げます。

ありがとうございました。


株式会社明治は、「VAAM」「ザバス」の 2つのブランドを展開し、アスリートから、スポーツを行うジュニア、愛好者の方々まで幅広く愛用されています。また、各種大会・イベントへの協賛、栄養指導や栄養情報の発信を通し、スポーツをする方々を多面的にサポートしています。

SAVAS（ザバス） とは

1980年より発売し、支持されているNo.1※プロテインブランドです。スポーツ現場で培った豊富な知見とエビデンスに基づいた商品の開発、設計が源となり、トップアスリートから部活生、ジュニアまで、幅広いニーズにお応えし、展開しております。

※インテージSDIプロテイン市場 2014年 1月～ 2015年 12月累計販売金額

VAAM（ヴァーム） とは

1995年より発売し、運動で体脂肪がエネルギーに換わることにいち早く着目したアミノ酸飲料です。17種類のアミノ酸を独自のバランスで配合し、運動前に飲むドリンクのパイオニアとして、運動の目的やシーンに合わせて選べるラインアップを取り揃えております。

村野あずさ（むらの あずさ）

株式会社 明治にて管理栄養士として活動している。陸上競技、プロ野球、プロサッカー、プロボクシング、トライアスロン、ビーチバレーなど、多数の競技のトップアスリートの栄養サポートを担当。また、競技スポーツからスポーツ愛好者、指導者や保護者へのセミナーや執筆活動などを通じて、幅広い層へのスポーツ栄養の普及活動に努めている。自身も学生時代より中・長距離選手として活躍し、実業団選手としての競技経験を持つ。「楽しく走る」をモットーにランニングライフを楽しみ、市民ランナーへの栄養情報の普及にも力を入れている。

【栄養サポート実績】

◎陸上競技	福島千里選手・北風沙織選手（北海道ハイテク AC）、 澤野大地選手・醍醐直幸選手・塚原直貴選手（富士通）、 田中宏昌選手（モンテローザ）、畑瀬聡選手（群馬綜合ガードシステム）
◎野球	内川聖一選手（福岡ソフトバンクホークス）
◎サッカー	内田篤人選手（シャルケ 04）、アビスパ福岡
◎ボクシング	長谷川穂積選手（真正ジム）
◎ビーチバレー	白鳥勝浩選手（湘南ベルマーレ）、西村晃一選手（ＷＩＮＤＳ）
◎トライアスロン	山本良介選手（トヨタ車体）

「走る」ための食べ方　新訂版

平成 28 年 6 月30日　初版第 1 刷発行

著　者　村野あずさ
発行者　小山　隆之
発行所　株式会社 実務教育出版
163-8671　東京都新宿区新宿 1-1-12
電話　03-3355-1812（編集）　03-3355-1951（販売）
振替　00160-0-78270

印刷／シナノ印刷　製本／東京美術紙工

© meiji 2016　　Printed in Japan

ISBN978-4-7889-1187-1　C0075

本書の無断転載・無断複製（コピー）を禁じます。
乱丁・落丁本は本社にておとりかえいたします。